"十三五"国家重点出版物出版规划项目

转型时代的中国财经战略论丛

刘 静 ◎ 著

乡村振兴背景下的
中美欧农业支持政策比较研究

A Comparative Study of Agricultural
Support Policies in China, Europe and the United States
under the Background of Rural Revitalization

中国财经出版传媒集团
经济科学出版社
Economic Science Press

图书在版编目（CIP）数据

乡村振兴背景下的中美欧农业支持政策比较研究／
刘静著 . —北京：经济科学出版社，2020.1
ISBN 978 - 7 - 5218 - 1254 - 1

Ⅰ. ①乡… Ⅱ. ①刘… Ⅲ. ①农业政策 - 对比研究 -
中国、美国、欧洲 Ⅳ. ①F310

中国版本图书馆 CIP 数据核字（2020）第 021649 号

责任编辑：杨　洋
责任校对：王苗苗
责任印制：李　鹏　范　艳

乡村振兴背景下的中美欧农业支持政策比较研究
刘　静　著
经济科学出版社出版、发行　新华书店经销
社址：北京市海淀区阜成路甲 28 号　邮编：100142
总编部电话：010 - 88191217　发行部电话：010 - 88191522
网址：www. esp. com. cn
电子邮件：esp@ esp. com. cn
天猫网店：经济科学出版社旗舰店
网址：http：//jjkxcbs. tmall. com
固安华明印业有限公司印装
710 × 1000　16 开　11 印张　220000 字
2020 年 10 月第 1 版　2020 年 10 月第 1 次印刷
ISBN 978 - 7 - 5218 - 1254 - 1　定价：49. 00 元
（图书出现印装问题，本社负责调换。电话：010 - 88191510）
（版权所有　侵权必究　打击盗版　举报热线：010 - 88191661
QQ：2242791300　营销中心电话：010 - 88191537
电子邮箱：dbts@ esp. com. cn）

　　本书得到 2020 年度山东省社科规划研究专项（20CLYJ19）和 2018 年度山东省高等学校人文社科项目（J18RA109）的支持。

前　言

　　2017 年 10 月 18 日，习近平总书记在中国共产党第十九次全国代表大会报告中首次提出乡村振兴战略，并强调这是我国全面建成小康社会必须坚定实施的七大国家战略之一。2018 年《中共中央　国务院关于实施乡村振兴战略的意见》发布，标志乡村振兴战略被正式纳入国家政策议程。乡村振兴战略是新时期我国解决"三农"问题的新理念、新思想和新举措。毫无疑问，乡村振兴战略的提出为我国农业农村的长期发展和战略规划指明了方向，构建科学、全面、可行、有效的农业支持政策体系是新时期解决我国农业发展中存在的各种问题、促进农民增收和农业可持续发展的关键所在，也是推动我国农业农村现代化整体政策保障体系的重要内容。

　　在全球一体化的趋势下，世界各国共同关注的资源、环境、健康、文化等议题均与农业农村发展密切相关，中国同时面临着发达国家在不同发展阶段存在的农业农村发展问题。中国幅员辽阔，不同地区农业的发展基础、发展条件和发展阶段千差万别，既有接近发达国家水平的城乡协调发展较好的地区，也有尚处于传统农业发展阶段的地区。2016 年，中国人均 GDP 不到欧盟水平的 1/50，要达到欧美等发达国家或地区的城乡发展水平，还有很长的路要走[1]。发达国家向发展中国家所展示的经济社会发展面貌在一定程度上是发展中国家未来的发展图景，借鉴发达国家支持农业发展的政策经验和教训，并结合国情进行创新性的借鉴、改造、转化和提升，对中国建立健全实施乡村振兴战略的政策体系具有重要意义（芦千文，2018）。特别是近年来国际局势风云变幻，中国农业支持政策总体上认真遵守世界贸易组织（WTO）规则、全面履行了在 WTO 的承诺，但依旧遭到美国等一些国家的非

---

　　[1]　根据 World Development Indicators 数据计算。World Bank，2018，"World Development Indicators"，https：//datacatalog. worldbank. org/dataset/world - development - indicators。

议，甚至出现美国通过 WTO 争端解决机制诉讼中国稻谷、小麦和玉米支持水平超过加入 WTO 承诺的极端情况。中国整体发展将走向全面和高水平的现代化、信息化、智慧化新的历史阶段。因此，以推进农业农村高质量发展和乡村振兴为目标，站在国民经济健康协调发展和构建高效稳定、日趋高端化的产业结构格局的高度，尽快建设合规性和激励性兼容的、符合中国国情的新型农业支持政策体系，全面发展农业农村生产、积极应对国际贸易争端，才能实现"产业兴旺、生态宜居、乡风文明、治理有效、生活富裕"的乡村振兴总要求。

目　录

第一章

绪　　论

第一节　研究背景

18 世纪中叶的第一次工业革命为人类社会的现代化进程开辟了一条更具普世性和规范性，且不同于以往任何历史时期的发展道路，即通过工业化推动一个国家或地区社会经济结构、产业结构、就业结构和消费结构不断调整、转型和升级，进而改变整个社会的生产能力、生活方式、文明程度、精神面貌和人类的福祉。一般而言，农业在国家工业化和现代化的历史过程中，始终扮演着十分重要又极具挑战性和多元性的角色。

在工业化的启动阶段，甚至其中前期的大部分阶段，农业主要承担着为工业化提供资金积累、贸易市场、原材料供给、基本运转条件和完整的产业与贸易环境的角色，并以此推动工业化很快形成规模和有机的产业体系，使工业在新兴的产业效益和竞争力上获得优势。当工业化发展到一定阶段，农业由于其传统生产方式的自然属性和产品交换与市场价格的较低弹性，逐渐显现出与工业和其他非农产业相比，收益低下的特性。这种现象如不加以调整和改善，长此下去，便会造成农业与包括工业在内的非农产业在发展速度、产业质量与竞争力上的巨大差距，进而影响整个社会经济体系中各产业之间关系的协调性，造成整个国家或一个区域总体产业体系内部的严重矛盾。这种经济结构关系上的不协调，又反过来滞缓，甚至破坏工业化进程。这样的现象与规律在工业化中期之后表现的愈加明显和强烈。许多已经实现了工业化的国家和正在进入工业化高速发展中的国家都不同程度地经历过这样的遭遇。因此，随着人们对社会经济发展和工业化过程中这一规律认识的逐渐深化，工业反哺农业和让农业现代化的步伐与国家工业化尽可能保持同步的要求便日益凸显。有关这方面的发展理论和政策的探讨与实践，逐渐演进为各国政府动用社会资源和国家公共政策支持农业发展的普遍性策略，即所谓的农业支持与农业支持政策体系的构建。

美国是最大的发达国家，早在第二次世界大战之前就实现了工业化，也是当今世界上现代化程度最高的国家之一；欧盟主要成员方多是高度发达的经济体，其工业化、城镇化和农业农村现代化建设取得了举世瞩目的成就；中国则是最大的发展中国家，目前正在全力推进整个国家的现代化进程，在快速变革的世界政治、经济、文化、科技大潮中迅速崛起。中国、美国、欧盟（以下简称"中美欧"）在许多方面既存在明显的不同，也存在着巨大的相似性，比如，历史文化、自然资源特征和禀赋、社会制度、工业化起点和历史发展轨迹，以及未来所要实现的发展目标等，都明显不同。但中美欧在实现现代化的历史进程中，也存在许多共同的特点，如在实现国家经济发展目标的过程中，都受着相同的工业化规律支配；都举足轻重、对世界有重大影响；对农业产业的认识与定位上，以及在国民经济体系格局的构建上具有相似点。美国虽然是个仅有 200 多年历史的国家，但其农业立国，特别重视农业产业的发展，较早启动了农业现代化进程；欧盟总面积的 86% 是农村区域，全职农民约 1 200 万人，农村地区是欧盟实现可持续发展战略目标的重要支撑（戴蓬军，2011；冯建喜，2013）；中国则是有着悠久、灿烂的农业文明的国家，十分重视农业的发展及其在国民经济体系中的重要作用。虽然中美欧发展起点不同，所处的发展条件与环境不同，但发展的主线与前进方向具有极大的相似性和同一性，在经济、贸易、金融和地缘政治关系上存在着很强的关联性与依存度。现在，中国已经成为世界第二大经济体，并在未来的世界变革中发挥越来越大的作用。凡此种种，都赋予了中美欧在农业支持政策体系构建与实施过程中相互比较、借鉴的巨大的历史与现实意义。当然，现阶段主要是以中国学习和借鉴他国经验为主，中国经验、中国故事和中国理论的形成，还需要长期的实践与探索。

第二节 研究意义

中美欧农业支持政策体系的比较研究，本质上是中美欧工业化和现代化（包括农业现代化）发展历史与发展道路的比较研究，其理论与实践价值，远不止仅是在客观上认识其外在的相同点与差异点这样简单。其更深远的意义和影响，在于欧美国家和地区在其工业化和现代化发展过程中，有许多成功的经验与经受挫折的教训。而其在成为整体现代化水平最高的国家之后，也仍然在不断探索保持世界领先地位的政治、经济、科技、金融、贸易方面和实现持续、平衡、健康发展的规律，以求通过国家的综合政策体系，实现国家的战略目标，这一点对中国极具借鉴与学习的价值。从长远看，中国与美国和欧盟之间既有广泛的合作与关联，更存在着巨大差距与对立、竞争，甚至在很多方面互为对手；向竞争对手学习，研究对方，完善自己，对于一个追赶者，既是迎头赶上的捷径，更是可以借用前车之鉴，是有所创新、实现超越的法宝。中国在过去几十年里，一直处于快速变革与发展中，既需要广泛借鉴世界各国农业现代化和国家工业化与全面现代化的经验，也需要在自己实现全面现代化的过程中，做出独立和创新的理论和实践探索，从更大的历史跨度和地缘政治、经济、文化的基础上寻找实现中华民族伟大复兴的方向、道路、政策与策略。

2018年是中国改革开放40周年。自1978年以来，中国在自己的改革和发展目标上，或多或少，时多时少，是把欧美国家和地区作为一个参考与比较体系的，至少是参考和比较的标杆之一。中国改革与发展的目标，不仅是尽快地、健康地、高效地完成国家的工业化进程，向全面现代化迈进；而且还要坚持中国特色社会主义道路，构建带有自身特点，又有一定普世意义的理论与实践体系，为世界提供中国经验，讲出中国故事，做出中国贡献，表达中国自信。从这样的维度上认识和比较中美欧农业经济体系，以及农业支持政策体系的内涵与特征，才会更多地唤起人们对农业发展及农业支持政策体系的关注与努力，推动我国农业现代化进程更加稳定、快速、健康的发展。中美欧农业支持政策比较分析的另外一层意义，则是其对现实中我国农业支持政策内涵、目标、实施办法与现实效果的全面检视；对农业支持政策体系形成的客观环境条件，作用规律的总结与重新认识。这方面的研究与分析，将是本书关注的另一个重点和主要工作。

第三节　研究目标与主要内容

我国的工业化起步与成长经历了非常曲折的过程，在时间上，比美国晚了近一百年；如果从真正成为一个完整、独立、自主的主权国家与经济体算起，则落后于美国的时间更长。美国从 1776 年宣布独立之日起，由于其与英国、法国等欧洲强国在历史、文化、科学技术和现代化进程的天然联系，很自然地搭上了第一次工业革命的快车，而且很快就成为 19 世纪率先启动工业化的国家之一，其后，加入了欧美列强掠夺海外殖民地和开辟世界市场的行列，所获颇丰。因此，其工业化进程是在非常有利和优越的环境与条件下开始的，而且，由于其独特和优厚的自然环境，形成了许多国家不具备的农业与非农产业齐头并进的发展优势。当然，美国对农业开发和快速增长的支持，及率先把农业现代化与国家工业化进行整体性规划和安排，都是极具独特意义的创新。这对推动美国工业化和农业现代化的快速发展，以及后来赶超欧洲老牌工业化国家起到了关键的作用。

美国独立之初就确立了大力开发农业的国策，以欧洲移民为主体的社会精英是主导美国国家政治、经济、教育、科技、贸易和文化发展的统治阶层的主体，其在制订农业开发与推进工业化策略的过程中，既有对北美原住民的野蛮与残暴，对海外扩张的贪婪和野心，也有对国家发展战略的深入思考，以及对自身优势的长远认识。而中国的工业化起步与现代化进程则是在屈辱和丧失独立的背景下开始的。

1840 年鸦片战争后，以英国为首的欧美工业化国家先后敲开了中国的大门。清朝政府在列强大炮和军舰的武装打击和威逼下，先后在广东、广西、福建、浙江、江苏、上海、山东、辽宁和河北等地陆续开放了多个贸易口岸，资本主义工业化国家的生产技术、贸易方式，及其现代工业产品传播到中华大地，给这片厚重的古老文明之地带来了巨大冲击。中国人从此开始了"睁眼看世界"的学习历程，有关工业化的理论、观念、社会经济制度、生产方式、贸易体系、科学技术与现代教育等方面的知识开始以各种方式走进中国人的视野，为越来越多的有识之士所知晓，并逐渐引起当时朝野上下一些知识分子的关注、向往与思考。客观地说，在当时条件下，中国工业化发展缓慢，除了中国自身的原因外，西方列强的居心不良、以强凌弱、巧取豪夺也是不容忽视的根由。即使辛亥革命之后，长达30多年的民国时期，我国工业化的进程依然十分缓慢，乏善可陈。

中华人民共和国成立之初，中国仍然是一个以农业为主的国家。1950年，中国工业产出在国民总产出的比重仅占10%（沈威风，2009）。而美国在1860年工业化已经进入加速阶段；1890年，工业产品的总产值便首次超过农产品总产值；1900年，工业产品总产值是农产品总产值的2倍（杨与尚，2010）。从全球层面来看，1860年，美国工业产值位居世界第四，30多年后的1894年，美国工业产值跃居世界第一，总量占到欧洲所有国家总量的50%，到了1913年，美国工业总产值比英国、法国、德国、日本四国的总量还高（杜丽萍，1984）。相对于中国充满辛酸的工业化历程而言，即使同属亚洲的后起工业化国家日本，也交出了不一样的答卷。日本在明治维新之后，开始大规模学习欧美工业化经验，兴学校，建工厂，修铁路，改良国家政治经济体系，几十年后，便成为亚洲率先实现工业化的国家。到20世纪30年代，日本已经基本实现工业化，建成了现代工业体系、教育体系、科技体系和政治经济体系。当然，日本也正是在现代工业化进程中实现了其对中国的赶超，加之贪婪、野蛮的军国主义本性，又促使其走上了侵略、掠夺的道路，这是早期工业化国家由资本主义走入帝国主义怪圈的共同特点。

本书之所以回顾中美欧工业化的历史，是要说明：对农业支持政策体系的形成与比较，不能只见树木，不见森林，就农业支持政策而论农业支持政策。因为，农业支持政策体系的构建与形成是一个伴随国家工业化过程的产物，更是国家整体现代化战略的有机组成部分。

比较中美欧农业支持政策体系所要达到的目的，既不是完全照搬美国和欧盟的经验与做法，也不是要与美国和欧洲各国做谁更优秀的比赛，而是通过研究欧美的工业化发展历程及其处理农业与其他产业关系的做法，总结其推进国家工业化和全面现代化，尤其是农业现代化的历史经验，学习成功之处，借鉴其出现过的教训与失误，以此全面洞察两国的差别、差距，探讨中国实现乡村振兴、农业农村现代化的可能路径。因此，在后续的比较分析中，本书将针对农业支持的概念、内涵及理论沿革；中美欧农业支持政策的形成过程与特点；中美欧对农业基础设施与产业开发、农业科学技术及其推广应用、农业生产资料及贸易服务的支持政策的比较分析；中美欧农业支持政策的主要异同与特点等进行全面的梳理，从而为提高乡村振兴政策实施效率和效果提供经验借鉴。本书的研究工作，重点围绕上述方面，考察不同历史时期农业支持政策形成的过程及提出的背景；主要政策的目标及内容；政策实施的方式、方法及其产生的效果与影响；对我国实施乡村振兴战略的启示等。

第二章

农业支持的概念、
内涵及理论沿革

第一节　基本概念

关于农业支持的概念有多种表述，世界贸易组织（WTO）的前身关贸总协定在其 1993 年 12 月出台的乌拉圭回合《农业协定》① 中指出：农业支持是指政府对农业提供一般性政府服务（如农业科研、病虫害控制、培训、推广与咨询、检疫、市场促销、水利等基础设施服务）；以食物安全为目的的公共储备；国内食品援助；与生产不挂钩的收入支持；自然灾害的救济支持；通过投资提供的公共调整计划；地区援助计划；通过资源休闲计划提供的结构调整援助；环境规划等。后来，这个农业协定在 1995 年转变为 WTO 的《农业协议》②。

还有一些学者从农业支持的目的、实施方式及其效果对农业支持进行了定义。如张哲和丕禅（2002）认为，农业支持是政府从改善农业生产的基本条件入手，通过对农业科技、教育、水利、环保、基础设施等公共产品的财

---

① 1986 年 "乌拉圭回合" 谈判开始时，农业贸易问题被确定为本轮谈判的中心议题。农业谈判主要在三大集团展开，即美国、欧洲共同体和凯恩斯集团（即澳大利亚、加拿大、阿根廷、巴西、智利、新西兰、哥伦比亚、斐济、匈牙利、印度尼西亚）经过多次艰苦的谈判，美欧双方终于作出让步，于 1992 年 11 月 20 日达成了《布莱尔大厦协定》，并在此基础上，谈判各方终于在 1993 年 12 月 15 日签署了《乌拉圭回合农业协定》。

② 《农业协议》（*Agreement on Agriculture*）是世界贸易组织管辖的一项多边贸易协议，由前言和 13 个部分共 21 条及 5 个附件组成。

政投资，为农业的发展夯实基础，增加后劲；农业支持的基本目标是通过改善农业生产条件增加农民的收入，实质是协调农业与非农产业的关系，使农业在工业化进程中获得更多的保护与支持，具有可持续发展的能力。

与农业支持相对应的农业支持政策，或者叫农业支持政策体系，便是基于农业支持内涵与目标而形成的一个国家、区域发展的政策及相关措施的集合。经济合作与发展组织（OECD）① 是这样定义农业支持政策的："政府致力于增加农户收入或降低其成本而给予农民或整体农业的支持、补贴、协助和援助。"通过该定义可以看出，农业支持政策的主要对象为农民和农业，目的是农民增收或生产成本降低，步骤和措施为支持、补贴、协助、援助等。因此，农业支持政策可以进一步解释为：政府及其社会组织为达到农民增收或农业生产成本降低的目标而采取的支持、补贴、协助和援助。从 OECD 对于农业支持政策定义中的描述可以看出：农业支持政策包含了一系列支持、补贴、协助和援助农业和农民的概念。但是，OECD 定义得太过于就农业而论农业了。它没有说明农业支持与农业支持政策在整个国民经济体系中的作用。对此，有的学者站在社会经济发展的全局做了进一步的概括。蒋永穆（2000）认为，农业支持政策是指政府为实现国民经济持续协调发展、社会安定和良好生态环境而采取的，有利于农业发展的一系列经济、法律和行政政策的总称。这里，他强调了农业支持政策概念的两个重要内涵：其一，在国家贸易政策系统之下的关于农产品的制度安排，包括农产品进出口政策；其二，政府为解决国内农业与其他产业协调发展而实施的一系列直接或间接的支持措施。

综上所述，农业支持与农业支持政策是一系列有关农业产业及其与国民经济整体关系的不断发展、丰富和完善的概念、认识、理论和具体政策措施的集合。它随着一个国家或独立经济体的发展及内部与外部社会经济体系的调整、变化而不断充实、完善，构成国家或区域的总体社会经济战略与政策的有机组成部分。

---

① 经济合作与发展组织（Organization for Economic Co-operation and Development，OECD），是由 36 个市场经济国家组成的政府间国际经济组织，旨在共同应对全球化带来的经济、社会和政府治理等方面的挑战，并把握全球化带来的机遇。成立于 1961 年，总部设在法国巴黎。

第二节 理论沿革与文献综述

有关农业支持和农业支持政策的理论沿革，涉及了十分广泛的经济与社会发展理论。其核心问题是经济发展过程中的农业与非农产业的关系，尤其是工业化过程中及其之后，如何保持整个国民经济系统和社会政治经济体系的同步、健康发展与协调、稳定的关系。

早在200多年前，古典经济学家就注意到了这一课题。亚当·斯密（Adam Smith）在其著名的《国富论》中指出："工匠的数量随食品数量的增加而增加，即随土地改良和耕作的进步而增加，农业劳动生产率的增长起码要能使农业中的劳动能供应整个社会所必须的食品"①。同一时期，大卫·李嘉图②和威廉·配第③等人也曾论证了农业增长和剩余对社会经济发展的作用及其剩余产品与劳动力向非农业转移的某些规律。马克思则是用资本主义原始积累概念分析了农业作为资本主义大工业生产前提的重要作用。这位伟大的革命导师在其不朽名著《资本论》中充分肯定了重农学派关于农业剩余的理论，特别是提出了"超过劳动者个人需要的农业劳动生产率是一切社会的基础"的名言。他在《资本论》第37章论述地租的特点和规律时，特别强调指出："因为食物的生产是直接生产者的生存和一切生产的首要条件，所以在这种生产中使用的劳动，即经济学上最广义的农业劳动，农业必须有足够的生产率，才能使可供支配的劳动时间，不致全被直接生产者的食物生产占去，也就是农业剩余劳动，从而使农业剩余产品成为可

---

① 《国富论》全称为《国民财富的性质和原因的研究》，是英国古典经济学家亚当·斯密用了近十年时间创作的经济学著作，首次出版于1776年。这部著作奠定了资本主义自由经济的理论基础，该书的出版标志着古典政治经济学理论体系的建立，堪称西方经济学界的"圣经"。

② 大卫·李嘉图（David Ricardo，1772.4~1823.9），英国古典政治经济学的主要代表学者之一，也是英国古典政治经济学的完成者。主要经济学代表作是1817年完成的《政治经济学及赋税原理》，李嘉图继承并发展了亚当·斯密的自由主义经济理论，他认为限制政府的活动范围、减轻税收负担是增长经济的最好办法。

③ 威廉·配第（William Petty，1623.5~1687.12），英国古典政治经济学之父，统计学创始人，最早的宏观经济学者。一生著作颇丰，主要有《关于税收与捐献的论文》《献给英明人士》《政治算数》《爱尔兰政治剖析》《货币略论》等。

能。进一步说，社会上的一部分人用在农业上的全部劳动——必要劳动和剩余劳动——必须足以为整个社会，从而也为非农业工人生产必要的食物；也就是使从事农业的人和从事工业的人有实行这种巨大分工的可能；并且也使生产食物的农民和生产原料的农民有实行分工的可能。虽然食物是直接生产者的劳动，对他们自己来说也分为必要劳动和剩余劳动，但对社会来说，它所代表的，只是生产食物的必要劳动。"这里，马克思不仅指出了农业剩余劳动和剩余产品的一般意义，而且发展和深化了重农学派关于农业是一切社会基础的理论，是早期经济理论关于农业与非农产业关系最深刻和最全面的论述之一。

古典经济学关于经济增长和农业与非农产业关系的理论，重点说明了一个国家工业化的启动条件和保持农业劳动生产率和非农产业增长同步提高的重要性。而在早期资本主义工业化国家的后续发展过程中，并没有产生新的关于处理农业与非农产业关系理论的突破。

直到 20 世纪中叶，发展经济学的兴起，才把经济发展中农业与非农业的相互关系问题重新提到一个新的理论高度，并使其成为发展经济学的核心问题之一。这其中的重要原因是，首先，早期工业化国家陆续完成了工业化过程，农业现代化的问题提到了国家现代化的整体议程中来了。其次，新兴工业化国家陆续出现，它们实现工业化的历史条件和发展起点，大大不同于早期欧美工业化国家。这些问题引起了经济学家、社会学家、历史学家，甚至政治家和政府管理者们的广泛关注。由此，产生了许多新的社会经济发展理论。在几十年的研究和论争中，出现了一批较有影响的经济学派，其中，威廉·阿瑟·刘易斯（W. A. Lewis）、拉尼斯（G. Ranis）[1]、舒尔茨（T. W. Schultz）[2]、戴尔·乔根森（Dale Jorgenson）等人的研究具有一定的代表性，其观点可归纳成以下三点：

第一，增长阶段理论。这种理论认为，在经济发展中实现从农业社会到

---

[1] 古斯塔夫·拉尼斯（Gustav Ranis）和费景汉（John C. H. Fei, 1923. 3 ~ 1996. 7）对刘易斯模型进行了改进，1961 年提出了费景汉—拉尼斯模型（Ranis—Fei model）。该模型明确地将二元结构归结于传统农业与现代工业的并存，认为因农业生产率提高而出现的农业剩余是农业劳动力流入工业部门的先决条件。

[2] 西奥多·舒尔茨（Theodore W. Schultz, 1902. 4 ~ 1998. 2），美国著名经济学家、芝加哥经济学派成员，因深入研究了发展中国家在发展经济中应特别考虑的问题，而获得 1979 年诺贝尔经济学奖。

工业社会的转变是主要问题，资源特别是劳动力从传统农业向现代农业的转移是推动经济增长的发动机。但是，增长阶段理论同时也指出了经济发展过程中，国民经济总体产业结构的转变是受到农业增长约束的。罗斯托①在1956年明确指出，第一产业（农业）可以起主导部门的作用，但在特殊的时候，又可能成为加速增长的障碍。他认为，农业必须为增长的人口提供食品，为正在兴起的工业部门的产品提供广阔的市场，并为农业以外的新的主导部门提供投资和劳动力。

第二，两部门理论（二元经济理论）。刘易斯1954年首先提出的两部门理论认为：发展中的经济由以生产粮食为主的家庭农业为代表的传统部门和以制造业为代表的现代部门所组成，传统部门中存在着大量处于不充分就业状态的剩余劳动力，其收入水平始终停留在最低生存费用附近，而使经济不能发展。欲摆脱这种低水平陷阱，就要扩大现代部门，使资源和劳动由传统部门向现代部门转移。当两个部门的边际生产率一致时，整个经济便步入稳定增长阶段。这种观点是典型的关于发展中国家工业化启动与推进过程的传统描述。

拉尼斯和费景汉（1961）则进一步地发展了刘易斯提出的二元经济理论。他们在《美国经济评论》上以《一个经济发展理论》为题，对刘易斯的理论做了补充和修正。该文认为：在传统部门的剩余劳动力吸收完毕之前，农业边际劳动生产率并不总是一条等于零的直线。当工业部门吸收的劳动力超出一定数量之后，农业边际劳动生产率开始上升，农产品总量减少，进入现代部门的人均农业剩余产品也随之减少。由此引起工业工资被迫提升，利润下降，工业化步伐放慢。要想消除这一阻碍经济发展的"短板"，根本出路在于提高农业劳动生产率。他们警告那些在工业化过程中忽视农业发展的人们，在不发达经济中，任何试图加强工业化地位的努力，只要他忽视优先——至少是同时改革其农业部门的需要，那就必然要遇到很大困难。这一警告，明确指出了工业化过程中保持农业劳动生产率和农业总体生产水平持续增长的重要性。

在这方面研究中作出重要贡献的发展经济学家还有乔根森。他第一次在

---

① 罗斯托（Walt Whitman Rostow，1916－2003），美国经济史学家、发展经济学先驱之一。著有《十九世纪英国经济论文集》《经济增长过程》等经济著作。

二元经济模型中取消了刘易斯关于劳动无限供给，即农业劳动边际生产率为零的假设。他认为，非农产业部门发展的充分必要条件是农业剩余的存在和不断增加，而不是是否存在剩余劳动力。只要存在农业剩余产品，就会有农业劳动力转移出来，进入非农产业。乔根森指出：一国经济产生农业剩余的能力取决于下列因素：（1）农业技术进步率；（2）人口增长率；（3）农业部门产出对劳动力变化弹性。他强调了农业与非农业部门保持协调关系的重要性。

第三，在农业与经济发展的关系上，与增长阶段理论和两部门理论持相反意见的经济学家是舒尔茨（Schultz）。舒尔茨对忽视农业发展的唯工业化主义进行了批判。舒尔茨认为，农业不是消极的部门，而是具有广阔发展空间的动态增长部门。他在其《改造传统农业》一书中指出：经济发展并不仅只是农业劳动力转移所引起的工业化，还必须包括农业从传统农业向现代农业的转变。他认为，把农业看作一个只能向工业输出资源而自身没有吸引投资能力的部门是不对的；大多数发展中国家经济的落后，很大程度上是农业的落后。而农业落后的关键主要不是农业缺少物质资本，而是人力资本不足。因此，他把增加教育投资看作是提高农业劳动生产率，从而改造传统农业的关键。这一理论开阔了人们对农业作用的认识，是构成农业支持理论与政策的重要支撑之一。

农业支持政策的理论支撑不仅来自古典经济学、新古典经济学、发展经济学和其他有关经济增长的理论，而且也吸取了许多专业经济理论的思想，如产业经济学、福利经济学、国民经济计划理论、可持续发展理论，甚至环境经济学、社会学和管理科学的理论也为农业支持政策的制定提供了相应的理论支撑。

1967年欧洲共同体成立，它首次提出了跨国之间"共同农业政策"的问题，使农业支持政策开始成为世界各国制定社会经济发展战略与支持措施的重要组成部分。从此，围绕农业支持政策的理论分析与争论进入了显学的状态，农业支持与农业支持政策逐渐演化成了一门相对独立的理论。

1970年，詹姆斯和李特尔（James & Littlet）先后发表了《富国的农业政策》和《若干发展中国家的工业的贸易：一个比较研究》，这些研究强调国家农业支持政策的必要性及其理论与现实意义。20世纪80年代是早期工业化国家，即西方发达国家农业支持政策体系的形成阶段，这一时期的代表性著作有《农业保护的政治经济学：国际透视中的东亚经验》。这一时期，农业支持政策受到自由主义经济学家的批评，认为，过度地保护和支持会导致农产品贸易的扭曲，应该坚持农产品的自由贸易原则。这方面的研究成果有施特克尔（Bstoeckl）《农业支持政策的宏观经济学后果》和米勒（Miller）的《国际农业政策的政治经济》等。

多年的发展实践表明：无论对农业支持及农业支持政策支持还是反对，都越来越凸显了农业支持政策的重要性。因此，20世纪90年代起，对农业支持和农业支持政策的研究与实践越来越向可操作的层面发展。最突出的成果是 WTO《农业协议》以近乎公约的方式明确了对农业给予保护和支持的必要性和正当性。它通过非常形象的"绿箱"政策、"黄箱"政策，甚至"蓝箱"政策等，规范了农业支持与保护的范围及在国际贸易中可接受的程度。

需要说明的是：各国（地区）采取支持和保护农业的政策，既有其合理性和必要性的一面，也有由此造成国际农产品贸易不公平竞争的一面。因此，乌拉圭回合农产品贸易谈判就如何区分"贸易扭曲性生产措施"和"非贸易扭曲性生产措施"进行了艰苦而又长期的讨论，最终将不同的国内支持措施分为两类：一类是不引起贸易扭曲的政策，称"绿色"政策或称"绿箱"政策，在国际农产品贸易中可免予减让承诺。另一类是产生贸易扭曲的政策，叫作"黄色"政策，即所谓"黄箱"政策。

1. "绿箱"政策

WTO《农业协议》规定：一国政府执行某项农业计划时，其费用由纳税人负担而不是由消费者转移而来，没有或仅有最微小的贸易扭曲作用，对生产影响很小的支持措施，以及不具有给生产者提供价格支持作用的补贴措施，均被认为是"绿箱"政策措施。绿箱政策是 WTO 成员方对农业实施支持与保护的重要措施，其基本特征是那些由政府提供的、其费用不转嫁给消费者，并且对生产者不具有价格支持作用的政府服务计划。WTO各成员方对这样的农业支持计划安排无须承担削减义务，这类农业支持政策和提供的农业补贴属于可免于削减就放行的一类补贴。简言之，"绿箱"政策是不需要作出减让承诺的国内农业支持政策的术语，主要包括以下几个方面：

（1）由公共基金或财政支出所提供的一般性农业生产服务。

（2）为保障粮食安全而提供的储存补贴。WTO 农业协议允许政府直接以财政支出来维持粮食安全储备，或为私人储备提供财政补贴。但这类支出或补贴均不得表现为高价收购或低价销售储备粮。并且，储备性补贴必须保持充分透明和符合储备需要。

（3）粮食援助补贴。赈济本国（地区）饥民是每个政府所必须承担的责任，而为低收入居民保障粮食供给也是需要承担的义务。为此目的而作出的财政支出或对非政府援助行动减免税收是正当的补贴。粮食援助补贴只能采取向符合受援资格的居民提供粮食或以补贴价格供应粮食必须按市价采购（即不得高价采购），并且粮食援助行动还必须保持充分透明。

（4）单亲家庭农场补贴。许多国家（特别是发达国家）的农业对单亲家庭农场给予额外的支持和补贴，但有明确的标准（如收入标准、农业生产者身份或土地所有者身份标准、生产水平标准等），并且要保证不会使接受补贴者获得额外的生产优势。

（5）一般性农业收入保障补贴。在农产品贸易自由化的环境下，市场变动或其他原因都有可能严重减少农业从业者的收入，这对农业生产肯定不利，为此政府实施适当的补贴是正当的。但这类补贴必须符合以下规定：①接受补贴的生产者收入损失量必须为全体农业生产者平均收入的30%以上；②接受补贴的生产者收入损失量必须超过其正常年份收入的30%以上；③有关补贴应仅针对收入的减少，而不应针对产品或产量；④若收入减少有自然灾害因素，则可同时适用收入保障补贴和自然灾害补贴，但补贴总量必须低于收入损失量的100%。

（6）自然灾害救济补贴。这类补贴在符合以下规定的情况下属"绿箱"补贴：必须基于实际发生的灾害（包括一切不可抗拒的突发事故）；补贴必须基于实际损失（包括收入损失、牲畜损失，土地及其他生产要素损失等）；补贴量不得超过实际损失量。

（7）农业生产者退休或转业补贴。这属于农业生产结构调整性补贴。小型家庭农场主的退休或转业，有利于农业集约化生产和提高生产效率，但补贴的发放必须基于合理和明确的标准。

（8）农业生产资源储备补贴。这类补贴应按照退出农业商品生产的资源，确立明确的受援标准，例如基于土地休耕的补贴应仅发放给休耕三年以上的土地。这类补贴措施不得以将有关资源投入特定的农产品生产作为受援条件，或以干预农产品市场价格为目标。

（9）农业生产结构调整性投资补贴。这类补贴可根据政府的农业生产结构调整规划而进行相应调整，但补贴应基于明确的结构调整规划和受援标准，并不得以有关农产品的市场价格作为补贴措施的目标。

（10）地区发展补贴。这类补贴是向农业生产条件明显不利的地区所发放的，受援地区应基于明确和合理的标准加以认定，所谓"不利的生产条件"必须是长期性的。为此而发放的补贴必须是受援地区农业生产者所能普遍获得的，补贴额应限于该地区的平均生产成本高出一般平均生产成本的部分。

2. "黄箱"政策

WTO《农业协议》将那些对生产和贸易产生扭曲作用的政策统称为"黄箱"政策措施。一般来说，"黄箱"政策是政府对农产品的直接价格干预和补贴，这类农业支持一定程度上妨碍了农产品自由贸易的政策措施。在实践中，它主要包括：农产品价格支持政策，农产品营销贷款政策，按产品种植面积给予的补贴，按照牲畜数量给予的补贴，种子、肥料、灌溉等投入补贴，对农业生产贷款的补贴等。通常用综合支持量来衡量"黄箱"政策的力度大小。WTO《农业协议》允许发达国家对农业的"黄箱"补贴占农业产值的5%，发展中国家为10%，中国为8.5%。目前，我国农业补贴中的"黄箱"补贴支出主要包括：一是价格支持措施，即粮棉保护收购价格；二是农业生产资料补贴。

3. "蓝箱"政策

"蓝箱"政策属于农业价格支持的特例，目前主要在经济发达国家，如欧盟国家有类似政策，它特指一些与限制生产计划相关，不计入综合支持量的补贴。蓝箱政策必须满足下列条件之一：（1）按固定面积或产量提供的补贴；（2）按固定的牲畜头数所提供的补贴。

农业支持与农业支持政策体系在内容、范围及实施力度上仍然处于理论研究和实践探索的过程中。WTO 框架下的农业支持主要还是基于发达国家的发展经验及政策需求而设计的。对于广大发展中国家来说，由于其仍处在工业化发展过程之中，大量的政府资金多数要优先满足工业化、城市化的需要，可用于支持农业的力量十分有限。即使像中国这样工业化进入中后期阶段的国家，对农业提供的支持也无法与欧美发达国家相比。特别是美国对农业支持的战略思考，不仅来自产业关系协调和国民收入分配正常平衡关系的需要，而且还有把农产品作为国家战略资源与贸易武器的政治需求。对此，我们在中国与美国和欧盟的农业支持政策体系比较中必须有清醒的认识和全面的思考。

第三章

中美欧农业支持政策的
形成过程与特点

中美欧在农业方面的差距除了自然环境的因素外，更大的差别在于不同的社会经济发展历程。由于美国和欧盟较早地实现了工业化，在长期的海外扩张中占据着国际贸易的主动权，很多时候甚至是占有较大的经济与贸易的特权。这使得其在农业生产、贸易、发展和现代化的社会经济条件及国际环境上具有独特的优势。这种社会经济条件的优势就包含了农业支持政策方面的理论准备、优先地位和丰富经验。美国在 20 世纪 30 年代就已经建立了比较明确的农业支持体系，经过几十年的发展，美国的农业支持政策已经非常完备了；欧盟的共同农业政策经过半个多世纪的发展，已与各成员国相关政策实现了全面对接。所以，从总体上讲，中国与美国和欧盟的农业支持水平和农业支持政策体系不在一个水平线上。

第一节　美国农业支持政策的形成过程与特点

一、美国农业支持政策的形成过程

（一）美国农业的自然环境与发展现状

美国自然资源丰富，气候温和、地大物博，发展农业有着得天独厚的条件。美国大部分地区雨量充沛而且分布均匀，平均年降雨量为 760 毫米，耕

地面积约占国土总面积的 20%，人均接近 0.8 公顷，美国还有永久性草地
2.4 亿公顷、林地 2.65 亿公顷（泸农，2004）。2016 年，美国总人口为 3.2
亿人左右，人口密度为每平方千米 27.7 人，是世界上城市化程度最高的国家
之一，城市人口占全国人口的 75% 以上。[①] 1870 年，美国农业人口占全国人
口的 52%，1910 年为 32%，1994 年已经下降到了 2%，到 2016 年只有 1%，
约 320 万人。[②]

目前，美国已经从传统农业国家发展成世界上最发达的现代化农业国家
之一。2000 年，美国农业总产值（以农户价格计算）为 1 905.51 亿美元，
占 GDP 的 2% 左右（林燕腾，2002）。尽管农业产值占 GDP 的份额不大，但
是农业效率很高，据估计，美国一个农民可以养活 98 个本国人和 34 个外国
人，美国农业的发达可从中窥见一斑。美国是世界上第一大农产品出口国，
每年农产品出口额在 400 亿美元左右，其产品在世界市场上占有较大份额
（林燕腾，2002）。2015～2016 年，美国农产品出口总量达到 1.3 亿吨，占全
球农产品出口总量的 25.7%，其中大豆出口量 5 285 万吨、全球占比 40%、
玉米出口量 1.19 亿吨、全球占比 41%。[③]

（二）美国农业支持政策的形成过程

美国政府的农业支持政策体系是在不断调整中发展和完善起来的。1933
年，美国国会通过了《农业调整法》，经过几十年的修改、完善和充实，发
展成了一个较为完整和复杂的政策体系，其核心是价格支持政策和收入支持
政策（王德文，2002）。美国农业支持政策的目的是通过价格补贴使农场主
取得比较稳定的、可以与其他行业投资相当的利润回报，从而达到稳定生产、
扩大出口、增加农场主收入和稳定经济的作用。另外，美国政府还通过灾害
补贴、信贷支持、税收优惠等手段直接支持农业；通过农村基础设施建设、
信息服务、农业教育科研与技术推广体系建设、扶持农业信贷机构等渠道间
接支持农业。根据不同历史时期农业发展的实际情况，美国还制定了一些有
针对性的农业支持政策，极大地促进了农业经济的发展，并使其国民经济的
整体结构保持健康和协调的状态。

---

① ② 资料来源：The World Bank。
③ 资料来源：USDA，长江证券研究所。

1. 美国建国初期的政策（1776~1840年）

1776年，美国确立了以农兴国的基本国策。这一时期，美国尚处在使用铁木农具，并主要借助畜力牵引从事农业生产的传统阶段。由于刚刚建国，"巩固新生政权"自然成为此阶段制定农业政策的出发点。为提高农业生产力水平，美国逐步实施一系列扶持农业的政策，诸如以低价出售公有土地、停止征收农产品出口关税、征收农产品进口关税等政策。其中，比较有代表意义的是1785年颁布的《土地法》，该法案规定1英亩土地售价为1美元。1787年颁布了《西北土地法令》，该法令加速了美国西部土地的开发，并掀起了一股开凿运河和修筑铁路的热潮。1800年，美国国会为了刺激土地买卖，又通过另一个《土地法》，允许4年的信贷，并规定土地现金交易可以得到8%的折扣。到了1840年，美国一共修建了5 353千米的运河和5 356千米的铁路，基本上满足了西部农产品长途运输的需要，为美国建国初期的农业发展打下了坚实基础（庄锡昌，1900；孔庆山，2003）。总而言之，美国建国初期的农业支持政策极大地刺激了土地买卖和移民，使农业生产得到了非常迅速地发展。

2. 农业半机械化时期的政策（1841~1914年）

1841年以后，随着铁路网络的初具规模和半机械化农机具的大量使用，美国农业的商品化程度和生产力水平发展到一个新的高度。1847年，美国国会通过一项军人奖赏法，规定退伍军人可以接受100美元的国库券，用以购买任何公有土地（兰伊春，2006）。1854年，国会又通过了地价递减法案，许多大规模的家庭农场就此在美国西部建立起来（陈锡镖，1997）。1862年，国会通过了《宅地法》，规定一家之长或年满21岁的美国公民，在缴纳10美元后，均可登记领取总数不超过160英亩的宅地，登记人在宅地上居住并耕种满5年，就可获得土地执照并成为该宅地的所有者，该法案为林肯政府在美国南北战争北方资本主义战胜南方奴隶制中发挥了重要作用（何盛明，1990）。1862年，美国国会通过了《莫里尔法案》，该法案规定美国政府向参与签署本项法律的各州拨给一定数量的公有土地，用于创办至少一所本州的农学院或设有农业机械课程的大学，从而开启了美国农业生产和科学研究相结合，国家通过教育、科研、推广和社会服务支持农业现代化的序幕，为美国农业生产的科学化和现代化做出了重要贡献（廖成东，2015；胡紫玲，2007）。

3. 农业机械化时期的政策（1915～1945 年）

20 世纪前半叶爆发的两次世界大战成就了美国农业机械化，同时极大地推动了美国农业的化学技术和生物技术的发展。据美国农业部的统计数据，1915～1945 年，美国农场主购买机器的费用大幅增加，化肥和杂交玉米也在这一时期得到了推广。农业生产力的提高客观上要求经营方式的转变，美国家庭农场也随之走上了规模化经营之路。在此期间，美国政府通过颁布《1916 年联邦农业信贷法》和《1933 年农业信贷法》，规定在联邦政府提供部分资金支持的情况下，成立"联邦中间信贷银行"和"信贷合作社"，专门为农场主扩大农场经营规模提供长期抵押贷款，保障农场主扩大经营规模所需要的资金。各种形式的农业合作社在美国相继成立，成为此阶段美国农业发展中显著的特征。此外，美国国会于 1922 年通过了《卡帕—奥尔斯坦德法》，把合作社从《反垄断法》中豁免出来，并规定了成立合作社的原则和条件，极大促进了美国农业合作社的健康发展。

1929 年，世界经济危机使美国农业遭受到了严重打击。为了应对经济危机，1933 年，联邦政府颁布了《农业调整法》，通过价格支持和农业补贴的办法来减少农产品产量和提升农产品价格，该法案的基本要义在于控制农业生产与实行价格支持，其中有关"农场主可以同农业部长签订减少生产的合同，并获得政府补贴"的条款一直沿用至今。1933 年，国会还通过《农业信贷法》，建立了生产信贷体系和合作社银行。此后，美国及联邦各州政府组织了带有政策性的农业信贷机构，进一步扩大农业信贷的范围和规模，在很大程度上缓和了农业生产资金不足的问题。

4. 以农产品价格支持和补贴为主的政策（1946～1989 年）

这一时期，是美国农业支持政策调整和变化十分频繁的时期。第二次世界大战期间，由于农产品库存下降和市场价格的上涨，美国政府改变了抑制农业生产的态度，对农业生产的支持呈增加态势。但在第二次世界大战结束之后，随着国内对农产品需求的稳定，美国农业政策的基本理念又回到了"通过控制生产和扩大消费来维持农产品供需平衡"的轨道上来。在控制生产方面，国会通过了 1948 年《农业法》，该法律规定政府将根据市场供求的状况，逐步降低农产品价格支持水平。冷战时期，美国对农业政策根据其全球战略的需要又进行了调整。1954 年，美国政府颁布了《农业贸易发展和援助法》，该法案规定，美国政府通过销售优惠及赠予的方式将剩余的农产品出口到发展中国家，在出口的过程中，对农产品实施出口补贴，从而整体上降低农产品价格，扩大美国农产品的市场占有率。

20世纪70年代，"新自由主义"思潮兴起。1973年，美国政府颁布了《农业与消费者保护法案》，该法案明确取消了产量计划和播种面积限制政策，农场主可以按照自己的生产计划实施生产。1985年，美国政府实施了新的农业法案，即《农业安全法》，该法案在其实施的5年内，削减了政府农业补贴预算，降低了农产品价格支持标准，鼓励农场主按照市场规律自行调整生产结构。

5. 20世纪90年代以来的政策（1990年至今）

进入20世纪90年代，随着两大阵营冷战格局的改变和自由主义与贸易政策越来越占主导地位，美国政府认为，自1933年以来实施的以"价格支持和农业补贴"为核心的农业政策，不再适应新的世界格局和美国全球战略的需要。这些政策不仅未能有效地解决农业发展面临的问题，反而使国家财政背上了沉重的负担。于是，美国政府提出应该逐步放弃对农业经济的干预，将农业支持政策引渡到以市场为导向的思路上去。1990年颁布的《农业法》，首先放松了对农业生产的控制，减少了计划作物生产的政府补贴，把播种面积削减计划、农场主储备计划和农产品期末库存与消费量之间比值结合起来通盘考虑，进一步降低政府补贴与市场价格之间的联系。1996年颁布的《农业法》规定了7年的过渡期，在过渡期内，美国政府完全取消农业补贴和价格支持计划，停止播种面积和产量计划等限制政策，农场主完全可以按照市场的要求自行种植农作物，自行决定播种面积，独立承担市场风险。1996年的《农业法》促进了农业生产体制的完全市场化改革，是美国农业支持政策发展史上具有重要标志性意义的调整。

但在几年以后，根据新的世界形势和国内政治、经济发展需要，美国农业支持政策又做了新的调整。2002年，美国出台了《农业安全和农村投资法》，该法案规定，从2002年起在10年之内，大幅提升农业补贴的比例，预算金额达到了2 000亿美元。这一政策的实施，使1990年开始实施的农业市场化改革出现了一定程度的逆转。《农业安全和农村投资法案》不仅提高了农业补贴的金额和比例，更增加了农业补贴的类型，实施直接补贴和反周期补贴，为农场主构建了收入安全网。其后，这一政策不仅得以保持，而且不断加强。2008年，美国颁布的《农业法》进一步扩大了直接补贴的金额和范围,对大麦、大豆、棉花等美国优势农产品的补贴力度加大,仅这 3 类主要作物每年直接补贴的金额比原来提升了 55 亿美元(徐轶博,2017)。2008 年的农业法案除了上述改革之外,还确立了新农户直接补贴计划,对于从事农业的新农户,在 5 年之内享受的直接补贴率是一般农场主的 1.2 倍,这个政策实施的目的是为了鼓励非农人员从事农业,培养农业接班人(谭砚文,2009)。此外,2008 年农业法案还建立了农业灾害援助计划,对遭遇重大自然灾害的农场主,实施收入援助(徐轶博,2017)。

总体上看,美国的农业支持政策自进入 21 世纪以后,间歇性地在增加农业补贴和减少农业补贴中间不断摇摆。这种阶段性反复,既有民主、共和两党斗争的因素,也有国际政治、经济形势的影响,这是值得我们深入研究的特点。2014 年,美国国会通过了《食物、农场及就业法案》,该法案取消了 2002 年以来的直接支付、反周期支付和平均农作物收入选择补贴,以价格损失保险和农业风险保险取而代之。根据美国密苏里大学食物与农业政策研究所测算,在该法案下,预计 2014 ~ 2018 年 5 年间,美国农业补贴支出规模将削减 53.10 亿美元;2014 ~ 2023 年 10 年间,农业补贴支出规模将削减 165.04 亿美元(彭超,2014)。与此同时,该法案更加注重农业环境的监测与评估,以及保护和改善农业生态环境。

二、美国农业支持政策的特点

(一) 农业支持政策的相关法律法规日趋完善

美国自 1933 年颁布的《农业调整法》至今,已建立了 100 多个重要专门法律与之配套,形成了一个比较完善的农业法律体系。其基本规律是,美国政府每 5 ~ 6 年就对相关法案进行更新。在法案的变迁中,政府既充分尊重市场运行机制的支撑作用、尊重农业生产发展的内在规律,又强调政府的协调与作用,不论是政府对农产品价格和产量的控制,还是转变为对农户的价格补贴,都是为了保障美国农业的持续稳定发展和整体经济结构的协调平衡。在某些特殊时期,还会考虑掌控国际政治、经济和军事格局的变化需要。

（二）农业保险的主导地位日渐突出

美国农业支持政策的制定，除了具有客观战略目标考虑外，在进入 21 世纪以来，其对农业的保护与支持更多地突出了金融和保险的支持。在美国 2014 年农业法案中，设立了不与生产挂钩的农业保险计划。该保险计划的实际机制是保费多少、赔付事由以及农场主能否获得更多的资金支持，在于其选择的农业保险计划以及缴纳的保费，而不再按照以前的播种面积和作物产量来确定。该法案通过农业保险计划和具体的项目，推进了农业生产的市场化，农场主在种植作物类型和确定播种面积的时候，需要考虑到农业保险实际项目的相关合同内容。当然，美国目前实施的农业保险计划，从农场主获得的收益角度看，是对原来农业直接补贴、反周期补贴等支持政策的替代，但这种替代不是补贴的替代，是用一种市场化机制来替代，从而引导市场机制的进入。由此可以看出，美国农业支持政策发展趋势正随着农业生产市场化体系的成熟和完善，向运用金融和保险的杠杆进行调控的方向发展，今后美国农业保险的地位和作用会日渐突出，这是值得关注的变化。

（三）农业支持政策的内容由"黄箱"向"绿箱"转变

美国的农业支持政策虽然是基于其国内的政治、经济发展需要制定的，但作为 WTO 成员方，不可避免地受到了 WTO《农业协定》的限制。按照美国 2014 年农业法案，原来的直接补贴、反周期补贴等均是"黄箱"政策，已被直接取消。而农业保险计划不与上述指标挂钩，是市场化机制，属于"绿箱"政策，是 WTO《农业协定》鼓励使用的政策范围。因此，从贸易自由化的角度看，"绿箱"政策的使用，既能够提升农场主收益，也能够起到支持农业生产的效果，还能够保证贸易自由化的推进。所以，美国在未来的农业支持政策的调整中，"绿箱"政策会使用得更多，而"黄箱"政策会逐渐减少甚至不再使用。

（四）农业支持政策更加注重农业的可持续发展

美国农业支持政策的调整导向还有一个重点是鼓励绿色发展，即鼓励保护生态环境和可持续发展。美国长期实施的直接补贴、价格支持、反周期补贴等农业补贴项目，在客观上会刺激农场主采取"涸泽而渔"的耕作方式。

23

农场主为了获取更多的政府补贴，会扩大农用化学品及其技术的使用，从而达到提高产量的目的。这种生产方式显然对农业持续发展是不利的，是以破坏农业生态环境为代价的发展。在 2008 年的农业法案中，美国政府有意引导农场主注重农业生态环境保护，减少农用化学品的使用。2014 年的农业法案，继承了 2008 年确立的农业可持续发展的基本方向，并增加了农业生态环境保护的补贴力度，将农业环境、资源保护纳入农业保险计划中，进而引导农场主生产方式的转型。从未来趋势看，美国为保持农业的可持续发展，会更加注重生态环境和资源的保护，这是其农业支持政策转型的又一显著特点。

第二节　欧盟农业支持政策的形成过程与特点

一、欧盟农业的自然环境与发展现状

欧盟由 1967 年成立的欧洲共同体发展而来，发展到现在已经是包括 28 个成员国（这里包括英国）、面积 438 万平方千米、人口 5.1 亿人。农村区域约占欧盟总面积的 86%，居住着约 1.28 亿人、占总人口 25%[①]；全职农民约 1 200 万人；农业及其关联产业贡献 GDP 的 6%，涉及 1 500 万家企业，提供了 4 500 万个就业岗位[②]。农村地区是欧盟实现可持续发展战略目标的重要支撑，承担着保障食品安全和持续供给、农村居民就业和生活、城市居民休闲旅游、自然资源和生态环境保护、文化传承和发扬等重要功能。农业的重要性决定了农业支持政策是欧盟发展政策框架的重要组成部分。

二、欧盟共同农业政策的形成过程

欧盟农业农村政策的主体是共同农业政策。《罗马条约》是欧洲经济共

---

① World Bank，"World Development Indicators"，https：//datacatalog. worldbank. org/dataset/world-development-indicators，2018.

② European Commission，"The Common Agricultural Policy（CAP）and Agriculture in Europe——Frequently Asked Questions"，http：//europa. eu/rapid/press-release_MEMO－13－631_en. htm，2013.

同体（EEC）的基础，并于1958年1月1日生效。该条约在"共同市场"条款中特别包括农业方面，在成员国共同市场内取消进出口数量限制和关税，并建立共同的农产品对外关税。在《罗马条约》中形成了共同农业政策的基本原则：统一市场；共同体优先；财政统一。这些原则被成员国认可和接受，成为共同农业政策不可动摇的基本方针。统一市场即允许农产品在成员国之间自由流通，自由流通要求有共同农业市场组织、共同价格、货币币值稳定以及相应的管理制度、健康卫生规则的协调和统一。共同体优先，即欧盟各国市场中，共同体农户生产的农产品有优先出售权，避免共同体外部农产品进入，进口农产品受关税和配额限制。财政统一即各成员国所有进口农产品的征税收入都统一上缴到欧盟，所有有关农业价格支持和市场收购等干预支出都由欧盟统一支付。该条约第39条中指明共同农业政策的五大目标：促进农业劳动生产率提高；确保农业群体相当生活水平，增加农民个人收入；稳定市场；保障供给的可靠性；确保农产品以合理价格到达消费者手中。

共同农业政策以实现食物生产良性循环、自然资源的可持续利用、农村区域均衡发展为主题，内容涵盖直接补贴、市场支持、农村发展、农业与环境、生物能源、气候变化、有机农业、产品质量、生物技术、森林资源、政府援助、食品安全、动物福利、植物健康、研究创新和教育培训等。共同农业政策有两个政策支柱：第一支柱是直接补贴和市场支持政策；第二支柱是农村发展政策。共同农业政策以7年为一个周期，当前周期为2014～2020年，上一周期为2007～2013年。共同农业政策通过欧洲农业担保基金和欧洲农村发展农业基金两个政策工具执行，每年支出约590亿欧元，其中70%用于农民收入支持补贴，10%用于市场支持政策，20%用于农村发展政策。

伴随着欧盟各成员国经济、社会、政治一体化水平的提高，共同农业政策对各成员国农业农村发展的影响程度经历了逐渐增强的历史过程。在成员国之间实行共同农业政策的建议提出时，它只涉及6个创始成员国的部分农产品自由贸易。经过半个多世纪的发展，欧盟成员国数量超过了欧洲国家数量的一半，经济、社会、政治一体化水平已达到很高的程度，共同农业政策与各成员国相关政策实现了全面对接。因此，研究欧盟农业农村政策，既需要了解欧盟层面共同农业政策的演变过程，也需要了解典型国家农业农村政策在与共同农业政策全面接轨前的演变过程。

1. 建设共同农业市场，发展现代农业（20世纪60年代到80年代）

1960年9月，欧洲经济共同体（"欧洲共同体"的前身）委员会提出在6个成员国之间实行共同农业政策的建议，目的是建立共同市场组织，实现农产品自由贸易。1962年，欧洲经济共同体理事会批准成立覆盖六类农产品的共同市场组织，设立欧洲农业指导和担保基金，标志着共同农业政策正式诞生。20世纪70年代，共同农业政策开始关注农场现代化问题，增加了开展农民职业培训、鼓励老年农民提前退休、帮助落后地区农民等方面的政策。20世纪80年代，为解决食物产能过剩问题，减轻财政压力，欧洲共同体开始对共同农业政策进行调整：引入牛奶生产配额，扩大糖料生产配额；设置预算拨款上限和支持限额。这一时期，共同农业政策只是单一的农业政策，其影响范围逐步从成员国农业市场扩大到农业生产领域。

2. 关注农村多元问题，提出农村优先发展（20世纪90年代到2006年）

1991年，欧洲共同体通过了《欧洲联盟条约》，标志着欧盟正式诞生，成员国迅速增加，经济、社会、政治一体化程度迅速提高。这就需要共同农业政策广泛关注农村社会、经济、环境问题。于是，除了关注农业生产和农产品价格，欧盟把经济、社会、环境目标都纳入共同农业政策的政策目标和支持范围。农业支持政策从对农产品的价格支持转向对生产者的收入支持和直接补贴；将直接补贴与农业生产"脱钩"，与食品安全、环境保护等"挂钩"（于晓华，2017）。农村发展政策在共同农业政策中的地位迅速升高。1996年，欧盟在爱尔兰港口城市科克（Cork）召开农村发展会议，通过了"科克宣言"，提出农村优先战略，要求构建城乡公平的公共支出和投资机制。2000年，农村发展政策的预算支出超过市场支持政策，成为共同农业政策的"第二支柱"。这一时期，共同农业政策强调发挥农业农村多重功能，重新认识和定位农民提供服务的范围，实现了从单一农业政策向农业农村全面发展政策的转变。

3. 改善生产生活环境，提高绿色发展质量（2007年至今）

鉴于农业在应对气候变化、保护资源环境等方面的重要性日趋凸显，可持续发展成为欧盟农业农村政策的鲜明主题。这一时期，在注重提高农场经营能力、挖掘农业发展潜力的同时，共同农业政策更加注重保护农村环境、增加就业机会、提高生活质量和支持村庄建设（Spychalski，2008）。一是取消制约农民应对气候变化和资源环境挑战的政策措施，推出绿色直接补贴政策，对农民保护自然环境、减缓气候变化的行为进行补贴。二是鼓励发展与农业相关的制造业、服务业，如食品产业、乡村旅游和休闲产业等，以抓住资源环境保护中的发展机遇。三是支持修复、建设和发展村庄，如帮助农村社区获得农业农村发展和资源环境保护项目、利用村庄自然文化遗产等，以提高农村生活质量。

可见，欧盟共同农业政策随着关注领域的拓展和农业农村发展主要矛盾的变化，由单一农业政策逐步拓展成广泛关注农村经济、社会、环境议题，以提高农业竞争力、保障食品安全、确保农民生活达到合理水平、应对气候变化、实现自然资源的可持续利用、激发农村经济活力、促进农业和相关产业领域就业为主要内容的全面发展政策。

三、欧盟农业支持政策的特点

（一）注重建立城乡平等的发展合作伙伴关系

德国从 1950 年开始倡导城乡居民以不同生活方式实现相同质量的生活，重视建立城乡协调发展机制，并开展相关试验。德国的农业农村政策设计者认为，虽然农村生活不同于城市，但这并不等于要降低农村生活质量（冯双生，2016）。法国在 1960 年提出，要建立农业与其他产业部门的平等关系（汤爽爽，2018）。欧盟共同农业政策更是强调在优势互补、分工协作和互动交流的基础上，建立城乡平等的发展合作伙伴关系。城乡平等体现为把城乡"和而不同"的均衡发展作为提升农村经济活力、环境质量和社会凝聚力的重要前提，创造农村多元经济发展的空间和舒适的社区生活环境，以扭转农业农村在资源要素配置竞争中的弱势地位；合作体现为城乡功能互补、价值互替、要素互流、发展互动，凸显农村在保障食品安全、保护资源环境、提供休憩空间、应对气候变化和实现可持续发展战略目标中不可替代的作用，发挥农业农村独特的竞争优势，形成城乡错位竞争、互促共荣的融合发展关系。欧盟农业农村政策设计理念演变的经验表明，不能盲目或简单地以建设城市的理念、模式来建设乡村，而是要尊重农村发展规律和农民主体地位，合理定位农业农村的角色功能，挖掘农业农村的发展空间，实现城乡的协调发展。

（二）注重通过法律法规和规划体系框定乡村发展重点

长期以来，欧盟及主要成员国注重以详细、严格的法律法规和规划控制体系，把握农业农村发展的方向和重点，发挥重点产业、重点区域、关键节点等画龙点睛的作用。共同农业政策本身就是由各成员国共同遵守的法律，用于指导、规范、协调各成员国的农业农村政策，它详细规定了每项政策和具体项目的预算支出、支持方向和执行方式等。法国、德国也都建立了严格的农村发展法律和规划体系，并细化到村庄层面。比如，法国先后制定了《农业指导法》《乡村整治规划》《乡村发展规划和设施优化规划》《自然和乡村空间公共服务设施规划》等；德国制定了《土地整理法》《建筑法典》《国土规划法》等，不同层级的地方政府依据这些法律制定了本级的《村庄更新条例》和《村镇发展规划》等（易鑫，2013）。欧盟及各成员国通过这些法律法规和规划体系推动农业农村发展，做到了以下几点：在产业选择方面，注意把农业放在重要地位，把相关价值链作为增长引擎，重点支持农村产业融合发展，避免因农业增加值占比持续降低而影响农村发展和农民增收；在区域布局方面，注意选择具有区域带动能力的村镇重点发展，注重不同村镇之间的分工协作，避免简单复制的发展倾向，实施基于功能定位的区域差异化政策；在节点把控方面，注意把生产经营活动和环境保护、文化建设结合起来，执行绿色补贴和多目标交叉政策，实现经济、社会、环境的融合发展。欧盟注重利用法律法规和发展规划推动农业农村发展的经验表明，为制定和执行好农业农村政策，应加强相关立法和执法工作，借此规范和引导利益相关者行为；要科学把握农村的区域差异和发展分化特征，注重农村区域的协同发展和农村产业的合理布局，培育农业农村发展的规划服务体系，加强各类规划的统筹管理和系统衔接，做到规划先行、突出重点、分类施策、有序推进。

（三）注重自下而上激发各方参与乡村发展的积极性

欧盟及主要成员国意识到农业农村发展是自下而上的交互式过程，因此十分注重调动各级政府、社会组织、社区和居民参与的积极性。一是赋予基层政府和社区、村庄更大的灵活自主参与权。对农业农村政策的制定和执行，法国经历了中央政府向地方政府逐渐分权的过程；德国联邦政府只负责制定政策大纲，具体政策由州政府负责制定，州级以下的地方政府负责执行。
2014年，欧盟开始允许各成员国在不同政策板块间对预算资金进行灵活调整，调整比例的上限为相应政策板块预算资金的15%，主要是将直接补贴和市场支持政策资金转移到农村发展政策项目中，赋予村庄和小城镇更大的权力和更多的财源。欧盟还通过开展与农村建设相关的庆祝日、建设年、案例分享和评比活动等，激励和促进农村社区建设。二是要求乡村规划的制定有当地居民参与。法国规定，乡村规划涉及村镇时需由当地居民投票决定；德国通过法律明确，社区居民有参与规划制定的权利。欧盟还着重激发青年参与农村发展的热情，鼓励他们表达想法、参与决策。三是注重建立自下而上的发展推进机制。欧盟主要通过在社区内部扶持领导者和地方行动小组的方式推动农业农村政策和项目实施。农业农村政策和项目的执行超过行政区域范围时，就需要不同地方组织的联合与合作。德国由州级以下地方政府的管理部门之间协商确定具体政策和项目的执行主体及其上级管理部门；法国通过组建包括不同地方基层政府、行业协会、公共服务机构在内的联合体、共同体等，开展跨社区、跨区域的项目合作。欧盟注重激发农村社区发展内生动力的经验表明，推动农业农村发展要注重自下而上地培育发展动力，满足年轻群体的发展需求，增强基层政府和农村社区等发展主体的自主性、灵活性和参与积极性，积极培育源于农村社区的发展组织。

（四）注重增强不同政策之间的互补性和政策制定执行的灵活性、策略性，改善政策实施效果

农业农村发展既是涉及所有方面的横向问题，也是动态演变的纵向过程，需要不同政策协调一致、接续连贯，还需要尊重不同地区的多样性，执行差异化的政策。欧盟以7年为一个周期的共同农业政策，已经做到了较好的连贯性，还注重增强不同政策之间的互补性和政策制定执行的灵活性、策略性。2000~2006年期间的共同农业政策就注重用跨部门、整合性的方法来灵活制定和执行。增强互补性、灵活性和策略性也是2014年以来共同农业政策改革的重要内容。互补性体现为增强各政策工具之间的协调性，形成欧盟不同农业农村发展基金之间的合作伙伴关系，以协同推进项目。灵活性体现为承认地区发展的多样性，在接受监督和预算限制的前提下，允许成员国自主设置政策聚焦领域目标的量化指标，自主决定实现目标的具体措施和预算投入。

策略性体现为增强两个政策支柱之间的互动关系，增加财政资金在不同项目之间相互转移、调剂使用的机会和规制，防止重复投资。这使得政策更具针对性，资金分配更聚焦、更均衡、更透明、更公平。如欧盟把基于过去不平等的历史参数设置的共同农业政策预算资金补贴水平，改革成设定各成员国每公顷农用土地可获得的共同农业政策预算资金最低补贴水平，从而减轻了各成员国从欧盟获得共同农业政策预算资金的不平等程度，且改革后各成员国可以采取自愿措施限制或减少直接补贴，节省的资金可用于其他或自主设置的农业农村发展项目。欧盟通过共同农业政策第二支柱下的区域定制政策和采取自愿措施政策，与第一支柱下的政策工具相互配合，使得共同农业政策能有效兼顾所有政策目标。在满足共同农业政策的原则性、强制性要求的前提下，欧盟各成员国可以在需要优先扶持的领域选择不同的侧重点，因地制宜地制定和执行适合本国的农业农村政策。比如在 2014 ~ 2020 年的共同农业政策周期中，西班牙将促进农村区域均衡发展、匈牙利将提高农户经营效率和风险管理能力、克罗地亚将开展农业科技创新、丹麦将促进农村创新和增加就业机会、爱沙尼亚将推动农民培训和农村经济多元化、法国将提高农村中小企业竞争力作为各自的优先支持领域。欧盟审计院在监督政策执行方面发挥了关键作用，保证了政策执行到位、灵活而不偏向。

（五）注重通过对冗余政策的简化，过时政策的清理提高政策管理效率

欧盟认为，简化政策也是促进农业农村发展的关键，它可以使政策制定者、执行者和受益者从不必要的烦琐手续和要求中解脱出来，提高政策执行和资金使用的效率，改善政策绩效。欧盟定期对共同农业政策进行"健康检查"，并从 2015 年开始把简化政策作为共同农业政策改革的首要任务之一，开展了四轮行动，提出了 1 500 多项简化提案。如简化对小农户在农村发展项目中使用金融工具的规则要求；将 200 多项市场支持政策简化成 40 项；放宽对青年农民和其他农民联合法人资格的限制。此外，2010 年，欧盟启动了"收获体验计划"，让政策制定者实地了解情况，与农民交流、征询意见，以获得切实可行的政策简化思路。2012 年，欧盟启动了改善政策和监管绩效工作，简化政策执行及其监督程序，减轻项目受益者的负担，增加政策受益者的可获得性。

第三节 中国农业支持政策的形成过程与特点

一、中国农业支持政策的形成过程

(一) 中国农业的自然环境与发展现状

中国地处亚洲大陆东部，东临太平洋，南近印度洋，西部则位于欧亚大陆的腹地，大部分地区处于亚热带至中纬带，光热条件较好，受季风气候影响，四季分明，农作物种植可以一年两熟或两年三熟。尽管我国农业资源总量丰富，但由于我国人口规模巨大，现阶段，中国总人口达到14.56亿人，其中农业户口9亿人，从事农业生产的人口为7亿4千万人；全国耕地面积为18.2574亿亩（2008年）；人均耕地面积不足1.35亩，不足世界平均水平的40%，粮食产量46 950万吨①。由于我国人均农业资源偏少，特别是水土资源的紧张，直接影响我国农业的可持续发展。从社会发展角度看，我国正处在工业化加速发展的阶段，现行的农业经营模式以家庭经营为主，由于人均土地规模小，平均每个家庭占有的土地非常有限，农村中剩余劳动力丰富。

(二) 新中国成立以来我国农业支持政策的形成过程

我国的农业支持政策经历了特别曲折、独特的历程，形成于20世纪50年代之后的计划经济体制时期，在20世纪80年代之后，进行了多次重大改革。在计划经济体制时期，我国农业支持政策的基本目标，是在确保农业为工业化作出持续贡献的前提下，实现我国主要农产品的基本自给。20世纪80年代之前，我国农业支持政策是以生产投入政策和农产品购销政策为主干，整个90年代以前，农业的发展是为工业化提供积累。90年代后，随着改革开放的扩大，政府加大了强农、惠农和富农的政策，通过工业反哺农业、城市支持农村的政策，统筹城乡经济社会发展。特别是2004年以来，党中央出台了一系列的农业支持政策，形成了较为完整的农业支持体系。我国的农

---

① 《中国农民人均耕地面积是多少?》，土流网，https://www.tuliu.com/read-26939.html。

业支持政策也逐渐从 20 世纪 80 年代的生产投入和农产品购销政策为主，转变为以资金投入、价格支持、生产补贴和生态补偿为一体的综合性农业支持政策。从总体上讲，我国农业支持政策的发展过程经历了三个阶段。

1. 改革开放以前的农业支持政策（1949～1978 年）

我国改革开放之前的农业支持政策，其主要是服务于社会主义改造和社会主义工业化建设，以农支工，为国家工业化的发展积累资金、奠定基础。

1949 年 10 月至 1953 年春，我国政府开展了新中国成立初期的土地改革。1950 年颁布了《中华人民共和国土地改革法》，该法案规定了土地改革的路线、方针和政策。对地主、富农、反革命等不同主体有不同的政策，对于地主待遇相对宽容，可获得同样一份土地并在劳动中改造成新人；反革命及破坏土地的犯罪分子不得分给土地；富农根据出租土地的多少进行不同程度的没收和保留；烈士家属和城市回乡人员也有相应的土地分配政策。土地改革完成后，颁发土地所有证，承认一切土地所有者有自由经营、买卖及出租的权利，土地改革前的土地契约，一律作废。土地改革极大地调动了农民的生产积极性，推动了农业生产的发展。

1953～1956 年，是我国农业的社会主义改造时期，共分为三个阶段。第一阶段是具有社会主义萌芽性质的互助组（1949～1952 年），在 1951 年《关于农业生产互助合作的决议（草案）》推动下，互助组发展迅速，初级社也崭露头角。第二阶段是半社会主义性质的初级生产合作社（1953 年～1955 年），1953 年《关于发展农业生产合作的决议》后，初级社由试办进入发展阶段，数量突破原定计划。第三阶段是完全社会主义性质的高级农业生产合作社（1955～1956 年），此阶段是农业合作化的高潮和由初级社向高级社转变的时期，1956 年基本实现了农业合作化。首先，从粮食产量来看，从农业合作化到实施人民公社制度的这 30 多年，我国粮食产量增幅既高于新中国成立前、也高于改革开放之后。其次，这一时期除了农业耕种之外，还修建了大量的公共设施，劳动投入远远高于传统社会。1979 年，全国有大中小水库 85 400 多座，总库容 4 200 亿立方米，相当于 4 000 多个三峡工程的土方量，是新中国成立初的 20 倍，全国可灌溉面积从 1949 年的 2.4 亿亩增加到 1979 年的 7.1 亿亩（2013 年为 9.46 亿亩）是中国历史上兴修水利规模最大的时期。

新中国成立初期，面对巨大的粮食供需缺口，明确规定了粮食统购统销制度。一是对农民的粮食收购进行规定；二是对消费者的购买进行规定；三是各类粮食加工厂统一归当地粮食部门领导。在统购统销的大原则下，国家规定粮食分配按以下顺序：首先完成国家核定的粮食征收，其次留下农业社生产必需的粮食和社员的口粮，最后才可以适当照顾劳动强度大的社员或发展副业。

实施农产品统购统销制度前所谓的"市场价格"，并不是真实反映农产品供求关系的价格，而是有大量私商投机、炒作的因素存在，这也是实施统购统销政策的一个原因。如果不实施统购统销，固然表面上可能存在一个"市场价格"，但是按照这种价格运行，就会使得有限的农业剩余产品集中到投机商手里而不是农民手里，不能集中资源启动工业化。实际上，1952～1978 年，按照《中国统计年鉴》可比价格计算，国民生产总值（GDP）年均增长率为 6.6%，按照经济史学家麦迪森的数据库计算，也达到 4.9%，而同期世界为 4.6%、亚洲为 5.8%、非洲为 4.3%、拉丁美洲为 5.3%、西欧为4.4%。另外，新中国成立前经济增长最快的 1929～1936 年 GDP 年均增长率仅为 1.5%。可见，新中国的经济增长远远快于新中国成立前，也领先于当时世界平均水平。这还不算在计划经济条件下，住房、教育、农村水利和农田等大量建设项目并未像市场经济国家那样计入 GDP，事实上对新中国的经济发展以 GDP 计算不但是不科学的，而且是严重低估的。根据估算，1954 年国家农副产品收购总额为 159 亿元，假定牌价与市价差别平均为 30%，那么按照市价收购需要多支付 57 亿多元，远远超过当年工业基本建设总额 38 亿元。也就是说，如果没有统购统销，中国的工业化根本就不可能有任何进展。因此，统购统销的办法，是服从于重工业优先发展、兼顾工业发展和农村民生的办法。陈云同志在 1953 年《实行粮食统购统销》的讲话中，分析了八种可能的方式，最后选择了统购统销这种办法。虽然从粮食购销这一个环节来看，农民的收购价格被压低了。但由于工业化启动之后，工业品也是以低于成本的价格向农村提供，实际上向农村提供了补偿。但是，如果不实行统购统销，那么在当时的条件下，没有其他任何办法能够实现重工业的原始积累。

2. 从改革开放到加入世界贸易组织阶段的农业支持政策（1978～2001 年）

改革开放后，我国实行家庭联产承包责任制，农业经济逐步步入市场化轨道，农业支持政策由封闭走向开放，政府财政支农的资金也有了提高，农业支持政策市场化是这一阶段的特点。

从 1978 年党的十一届三中全会的召开到 1983 年，是我国土地承包制的全面推广阶段。此阶段逐步放宽了土地承包的规定，在生产队统一经营、统一核算的情况下，把承包者的利益与生产的最终成果挂钩，包产内的产量由生产队统一分配，超产奖励，减产受罚。全国绝大多数的生产队最终采取了大包干的土地承包经营形式；1984 年，我国政府第一次延长了土地承包期。此阶段最主要的内容是稳定土地承包期限，巩固和完善制度创新成果。在土地集体所有、家庭经营的基本制度框架下，创新多种类型的土地使用权制度安排形式，努力挖掘和提高土地生产率，实现资源优化配置。1993 年，政府第二次延长土地承包期，在稳定农户土地承包关系的基础上，做好以延长农户对土地经营的承包期限为中心的制度完善工作，不断增加土地的承包年限。土地政策的制定越来越贴近实际，但土地流转政策还不够完整，土地产权政策缺乏灵活性。

1979 ~ 1985 年，是我国农业生产投入减少阶段，此阶段农业投入政策主要特点是改变社会资源分配格局，适度减少农业资金外流，强调农民增加收入、改革农村信用社、盘活农村金融政策等，国家农业支出和农业基本建设支出呈下降状态。1986 年，国家为解决农业基础设施老化失修问题，及时调整农业投入政策，提高农业投资比重，建立农业发展基金，加大对农业信贷的支持力度，进一步改革农村信用社，健全国家、集体和个人相结合的投资体系，加强了资金管理。1992 年，针对经济过热、通货膨胀及农业资金外流现象，国家采取各种措施，遏制农业投入下降，但由于执行情况不利，仍然没有改变农业投入下滑的趋势。1995 ~ 2001 年，国家狠抓农业基金的贯彻和落实，加强贷款，扩大农业投入渠道。

粮食流通体制改革主要表现在两个方面，一是提高粮食价格，二是改革粮食的统购统销制度。提高粮食价格有五次，分别是：1979 年，党的十一届三中全会后统一调价；1985 年，针对农用生产资料上涨过猛的情况；1992年，为减轻国家负担，小麦、稻谷、玉米、大豆提价；1994 年和 1996 年，四种粮食再次提价。粮食统购的制度改革有几个阶段：一是双轨阶段；二是实行委托代购；三是市场交易，对粮食收购实施最低保护价制度；四是保量放价，建立粮食风险基金和储备体系；五是建立"米袋子"省长负责制；六是对种粮农民进行直补（宋洪远，2000）。

3. 加入世界贸易组织以来的农业支持政策（2001 年至今）

随着 2001 年加入 WTO，我国开始实施变革性、针对性明显的农业支持政策，特别是自 2004 年以来，我国连续 6 年以中央一号文件来传达党中央和政府对农村发展、农业振兴和农民收入的高度关注。第十一个五年规划（2006 ~ 2010 年）的重要目标是建设社会主义新农村，其中的两大具体目标就是增加农民收入和粮食产量。价格政策是中国对农户进行支持的主要渠道。此外，2006 年取消农业税、2010 年增加了对"三农"的投入以促进农民增收、2012 年加大农村金融政策支持力度等，都是我国采取的农业支持政策。

2001 年初，国务院决定浙江省率先进行粮食流通体制市场化改革，7 月份将范围扩大到上海、广东等地；2001 年，全国人民代表大会颁布了《中华人民共和国农村土地承包法》，从法律上赋予农民长期而有保障的土地使用权，保护了农民利益，调动了广大农民的生产积极性。在土地制度方面，国务院还加大了治理土地市场秩序的力度，清理、整顿和坚决纠正违规、擅自设立开发区、盲目扩大开发区规模的现象；2002 年，国有粮食部门和供销社仍占有垄断地位；2004 年，国务院颁布了《粮食流通管理条例》，国务院召开全国粮食流通体制改革会议，提出进一步深化粮食流通体制改革的总目标。在户籍制度改革方面，为方便农民工就业，公安机关制定了户籍管理改革意见，以具有固定住所作为落户的基本条件，逐步放宽大中城市户口迁移限制，着力构建城乡统一的户口登记制度。总而言之，这一时期我国的财政投入政策有根本性转变，由重工业轻农业、强调对工业的支持转变为工业反哺农业、城市支持农村，从各方面加大了对农业的投入，突出表现为"一减三补"，即减免农业税、种粮农民补贴、良种补贴和农机具补贴。

二、中国农业支持政策的特点

（一）经历了从无到有的发展过程

发展经济学家（R. Nelson et al.）认为，发展中国家要打破"贫困恶性循环"，就必须在短期内大规模增加投资，加速资本形成，即同时在各个工业部门全面进行大规模投资，使各个工业部门之间相互创造需求，扩大市场。改革开放前的中国，市场并没有能力把分散于亿万农户的有限剩余集中到基础工业部门，只有实行计划经济，才有可能完成这样的飞跃。中国农村的集体经济恰恰是吸取了苏联国有农庄的教训，没有实施国有制。

总体来说，中国农业支持政策经历了从无到有、从单一到多样、从封闭到开放、从适应计划体制到适应市场体制的过程。自新中国成立以来，中国农业政策已经由新中国成立初的以农业发展为代价而使工业和城镇居民消费者受益，变为将农业放在首先支持地位。中国在加入 WTO 之前，已开始实施政府一般服务、粮食援助计划等对农业予以支持 6 项"绿箱"政策，同时使用农产品最低价和农业投入补贴的 2 项"黄箱"政策；加入 WTO 之后，中国逐步取消农业税并增加农业补贴。截至 2006 年，我国全面取消农业税，结束了两千多年的"皇粮国税"制度。

（二）建立了较为全面的农业补贴制度

截至目前，我国已经建立了"四大补贴"为主的农业补贴制度，包括种粮直补、良种补贴、农机具购置补贴和农资综合直补。2002 年，我国开始在部分粮食主产区进行种粮直补的试点，到 2004 年推广到全国，对小麦、玉米等主要农作物按亩数给予补贴；良种补贴曾在大豆上实行，从 2004 年开始增加了小麦、水稻等品种，按种植面积对农民使用良种给予补贴；2004 年，农机购置补贴在部分省份试点，2008 年扩展到全国，一般农机最高补贴额为 5 万元；农资综合直补则是考虑到化肥、燃料等农业生产资料价格变动的因素，从 2006 年给予农民农资综合补贴。"四大补贴"产生了积极的效果，粮食连续八年增产就是最为明显的效果之一。另外，中国的小麦价格能够在 2008 年世界性的粮食危机时以比较小的价格变化应对国际市场价格的大幅波动，保持了相对的稳定，也部分得益于农业补贴政策的实行。

（三）农业支持保护政策体系逐步完善

我国农业支持保护政策体系的建立和逐步完善，进一步夯实了我国农业的基础地位，形成了全社会支持农业的良好氛围，调动了广大农民的生产积极性，农村生产生活条件发生了根本性改观。与此同时，我国的农业支持保护政策体系还需要逐步完善。新形势下，我国农业支持保护政策体系的目标，也要从以往的优先保障农产品供给、兼顾农民收入，转变为保障农产品供给、增加农民收入和可持续发展并重。要按照优化结构，补齐短板，保证总量，用好"绿箱"，化繁就简，提高效率的原则，逐步完善政策体系，重点解决普惠性补贴多、价格保护多、生产性投入少、基础设施投入少、生态补偿少的"两多三少"问题，用政策引导，推进农业供给侧结构性改革。

（四）乡村振兴战略成为农业支持政策发展的新方向

2018 年 1 月，中共中央、国务院印发了《乡村振兴战略规划（2018 ~ 2022 年)》，对强化农业科技支撑、建立现代农业经营体系、完善农业支持保护制度、推动农村产业深度融合、加强农村基础设施建设等做出了明确规定。在农业支持方面，中央文件明确指出，要加大支农投入力度，建立健全国家农业投入增长机制，政府固定资产投资继续向农业倾斜，优化投入结构，实施一批打基础、管长远、影响全局的重大工程，加快改变农业基础设施薄弱状况。建立以绿色生态为导向的农业补贴制度，提高农业补贴政策的指向性和精准性。落实和完善对农民直接补贴制度。完善粮食主产区利益补偿机制。继续支持粮改饲、粮豆轮作和畜禽水产标准化健康养殖，改革完善渔业油价补贴政策。完善农机购置补贴政策，鼓励对绿色农业发展机具、高性能机具及保证粮食等主要农产品生产机具实行敞开补贴。乡村振兴战略成为我国农业支持政策发展的新方向。

第四节　中国农业支持政策存在的问题

与欧美相比，我国农业支持总体水平偏低，这与我国的社会发展水平、所处的历史阶段有关。主要原因如下：

（一）农业发展的外部环境制约了农业支持政策的有效实施

就自然环境、经济环境、法制环境和社会环境看，中美两国在农业支持政策上的差异，中国均处于不利的方面。自然环境短期内不易改变，但是经济环境、法制环境和社会环境的不利很多是属于方法和观念上的，经过努力是可以得到改善的。从经济环境看，整个"九五"期间中央政府的财政收入平均占 GDP 的份额不到 7%，而美国、英国、印度都在 20%、30%、12%左右，政府掌握的财政收入比例属于较低水平。由于农业投资的低盈利性、强外部性、高风险性决定地方政府缺乏对其进行投资的意愿。因此，中央政府的财政能力成为农业投资的重要经济条件。此外，我国农业的法制环境不健全。在市场经济环境下，法律法规是制约各利益主体的主要规则制度。而我国农业法制在计划经济下发展比较慢，农业尚没有像美国一样走上"依法治农"的道路，对农业的投资主体、投资力度、农产品的市场建设等均没有明确的法律法规，对农业的管理存在严重的随意性。而且，我国农业面对的社会环境不宽松。农村人口过多、人地比例恶化、隐性失业现象严重、社会服务措施不配套等，这些宏观因素制约了国家对农业的支持力度。

（二）农业支持政策的制定缺少农民的参与

在农业支持政策制定过程中，缺少农民利益集团的参加，这是导致我国农业政策失误频多、支农水平低下的制度性因素。我国的农业政策制定基本上是从上至下的过程，集权特征比较明显。我国农业政策的制定、更改都是以政府对农业、农民和农村经济活动及整个国民经济运行的感知、了解或掌握的情况而制定的，不同于美国分权制主导下从下至上的决策制定程序。决策程序的不合理使得国家无法系统、直接地接受农民对自身利益地表达和诉求，信息失真和决策失误现象比决策程序科学、严格的分权制更加严重。此外，我国农业政策制定中缺少农民利益集团的参加，这是我国几十年扶工抑农政策的直接后果，同时也是我国和美国在农业政策制定中的最大的区别。农业政策实质上是一种公共政策，政策的最终选择是对所有社会成员在不同目标和方向上的利益表达进行综合后作出的反应，缺少相应集团的参加，该集团的利益要求就无法表达和维护。我国农业政策制定中，农民利益集团的缺失使我国的农业政策大多倾向于非农集团，农民的利益难以得到保障。

（三）"分散管理"导致农业支持政策效率不高

"分散管理"的农业管理体制是我国农业支持效率低的一个重要原因。政策的执行直接关系国家政策目标的实现程度，而其中农业管理体制是实现农业目标的重要一环。从中美两国的分析中发现，美国的农业管理体制是"大一统"的模式，管理农业的各项职能集中于农业部，农业部的各种调控手段齐全；而中国管理农业的各项职能分散于多个部委，农业部仅仅负责种植业、畜牧业和水产业的产中环节，其他的如林业、水利、农产品销售等都被分割到其他不同的部门，农业部用于调控的经济、行政、金融等各种手段也明显不足。从制度经济学看，美国是一种"单一中心"管理体制，我国是一种"多中心"管理体制；从制度本身看，"单一中心"管理体制在政策执行成本、效率损失成本以及克服"搭便车"成本明显的要小于"多中心"管理体制。可以说，我国这种分散的农业管理体制影响了农业支持政策效果的发挥。

第四章

农业基础设施与产业
开发的支持政策分析

纵观世界各国农业发展的历史，在其由传统农业向现代农业发展的进程中，一个几乎具有普遍性的现象是，各国都非常重视对农业基础设施和产业开发的支持。现代农业所具有的市场化、科学化、产业化以及生态化等特点，决定了在其发展过程中必须要重视科技进步，统筹产业发展并加强生态环境保护和建设，特别是要采取措施加快农业科技创新、完善农业产业体系，推进农业结构战略性调整。由此，政府有必要采取有效措施，加大对基础设施和产业开发的政策支持力度，提升农业发展水平并促进农民收入增长。

第一节　农业基础设施与产业开发支持概述

一、农业基础设施及对农业基础设施的支持

农业基础设施（modern infrustruture of agriculture），是一个非常广泛和动态的概念。随着社会经济发展和科技进步的加速，农业基础设施的内涵也在不断扩大。概括地说，农业基础设施就是在农业自然再生产与经济再生产的过程中，必须要投入的物质与社会条件有机整体。简言之，农业基础设施是农业生产、销售和经营的硬件支撑条件和环境，主要包括两个方面的内容。

第一，农业生产过程中所必需的，但并不直接参与物质产品的一些物质

条件，如灌溉和公共水利设施、电力网、道路、贮藏、农产品流通和销售设施等，这些通常被称为农业的物质基础设施。其主要目的是改善农业生产的物质条件，特别是那些能抗御逆境的物质条件。概括地讲，农业物质基础设施一般包括以下四个方面。

（1）农田基础设施体系。主要包括农用土地、水土保持、农田灌溉系统、田间道路、农业用电、通风、信息联络等生产性基础设施，这些都是为农业生产服务的重要物质条件。其基本任务是通过各项工程技术措施，改造对农业生产不利的自然条件，例如，合理利用水力资源以调节农田土壤水分状况和地区水情，防止旱、涝、碱等自然灾害，确保农业生产环节的正常运转等。

（2）城乡交通运输体系。交通运输体系是一个由公路、铁路以及水路等网络构成的全国性或者区域性的、城乡相连的交通网，以此来保证各种农产品和农业生产资料及时的运输到其需要到达的地方。

（3）农业生产服务体系。它是由国家和地方的公营企业、合作社、私营企业等机构及其附属于它们的设施组成的，能及时、畅通地向农业生产者和消费者供应农用生产资料并销售农场的产品。

（4）农业信息服务体系。具体包括政府和其他组织建立的各种信息机构及其设施，能够为农业生产者提供必要的市场供求与价格信息、技术信息、农业政策信息等。

第二，为保证农业生产过程正常运行提供服务的一些非物质条件和社会条件，如农业研究和试验机构与设施、农业教育和培训机构与设施、农业技术推广机构、农业政策与管理机构、农业信息与咨询机构等，被称为农业的社会基础设施。它侧重于提供进行农业生产和产业发展所需要的社会条件，特别是能够提高农民、农业科技人员和管理人员素质的社会服务与保障体系。通常情况下，这些服务性社会基础设施包括：（1）农业教育方面的基础设施；（2）农业科研方面的基础设施；（3）农业推广方面的基础设施；（4）农业政策、法规研究等方面的基础设施；（5）农业信息化方面的基础设施。

在农业生产与再生产过程中，现代农业基础设施是以农业投入的形态出现，作为获得有用物质产品（某些情况下，也包括非物质性产品）的一种必要手段。农业基础设施是农村经济社会发展重要的物质基础条件，也是扩大农业生产、促进农民增收、加快农村现代化和实现农村富裕的重要条件。对农业基础设施的支持，是 WTO《农业协议》许可的"绿箱"政策措施，各国政府都非常重视，并在制定和实施本国的农业支持政策中扮演着主要角色。本章节所论述的"对农业基础设施的支持"，主要是指对农业物质基础设施的支持。有关农业社会性基础设施支持的相关内容，将在后面有关农业科学技术及其推广应用部分予以分析和阐述。

二、农业产业开发及对农业产业开发的支持

农业产业化（agriculture industrialization），在我国最早是 20 世纪 80 年代为解决改革开放过程中积累的各种问题和矛盾而出现的，是指传统农业向现代农业转化过程中，农业产业形态向工业化模式转化的过程，它的主要特点是以国内外市场为导向，以科技进步为手段并以提高经济效益为中心，以主导产业、产品为重点，优化组合各种生产要素，实行区域化布局、专业化生产、规模化建设、系列化加工、社会化服务、企业化管理等。在农业产业链的形态上，它常常表现为种养加工、产供销、贸工农、农工商、农科教一体化经营的特点。简单来讲，农业产业化就是把一个农产品升级为一个系列，是农业成为包括加工、流通在内的完整的产业系列。

农业产业化经营是通过将农业在生产过程的产前、产中、产后等各个环节连接为一个完整的产业系统，来引导分散的农户小生产转变为社会化的大生产的组织形式，是多方参与主体自愿结成的经济利益共同体。农业在传统上被定位于一个提供初级产品的产业，它与其产前、产后部门的关系是对立的。农业产业化就是改变农业产前、产中与产后相互分割和对立的传统产业角色，将其整合为一个完整的产业链条。

大多数国家都通过农业产业化的方式使传统农业走上自我发展、自我积累、自我约束、自我调节的良性发展轨道，使之转化为具有现代化经营方式和产业组织形式的新的农业产业形态。它的实质是指对传统农业进行全面改造，从整体上推进传统农业向现代农业的转变，实现农业的现代化，使之与非农产业形成同质的产业。

第二节　美国对农业基础设施和产业开发的支持

今天的美国农业，是高度发达的现代产业。在美国农业由传统产业走向现代化的进程中，历届美国政府都十分注重农业产业的发展以及各类农业基础设施的兴建，并不断通过政府的政策和财政投入加强农业基础设施建设及产业开发。可以说，几乎美国历届联邦政府都非常重视农业基础设施建设以及农业生产相关的各个领域的协调配合，从而使得美国农业基础设施建设和产业开发的效果与效率遥遥领先于世界其他国家。

一、政府对农业基础设施和产业开发支持的概况

美国国会与政府无论是从立法，还是政策指引上都非常重视对农业基础设施和产业开发的支持。美国各级政府对农业基础设施和产业开发的支持政策方面，最主要依据的是《农业法案》（*Farm Bill*）。早在 1930 年，美国农业在 GDP 中的比重就已经下降到了 7.7%，而当时的农业人口占 21.5%。这说明了两个问题：一是农业仍然是美国产业体系中的重要组成部分，尤其是在人口与就业结构上；二是农业的劳动生产率和现代化程度低于非农产业。因此，稳定和提高农产品价格、增加农场主的收入，便成为美国政府的一大任务。为改变这种状况，美国加大对农业的支持力度，出台了一系列的农业支持政策。自 1933 年第一部农业法案《农业调整法》出台开始，到 2014 年的《食物、农场及就业法案》，联邦政府先后出台和修订了 17 次农业法案。为了便于了解有关法案的主要内容，下面将其列于表 4－1。

表 4－1　　　　　　　　　　　　美国农业法案列表

时期	文件名	内容
传统农业法案时期（农业政策的主要目标是增加农民收入）	1933 年《农业调整法》	第一部关于农产品价格支持、最低收购价计划的农业法案
	1936 年《农业调整法》	第一个将水土保持与农产品分配计划结合起来的法案
	1948 年《农业法》	主要目的是授权农业部长采取措施稳定农产品价格

续表

时期	文件名	内　容
传统农业法案时期（农业政策的主要目标是增加农民收入）	1949 年《农业法案》	建立了较高水平的固定价格支持以及按面积进行分配的方式
	1954 年《农业法案》	实行灵活的农产品价格支持
	1956 年《农业法案》	建立土地银行，实行土地休耕计划，控制土地供给面积
	1965 年《食品与农业法案》	实行新的收入支持计划，同时减少价格支持和持续的供给控制
	1970 年《农业法案》	第一步明确提出促进农业发展的农业法案
	1973 年《农业与消费者保护法案》	用执行"目标价格"和"差额补贴"等支持方式取代价格支持，同时配合低的商品贷款利率，增加生产对市场的依赖，容许商品以世界市场价格自由流动
	1977 年《食品与农业法》	第一次以食品券和其他商品分配计划为内容的法案
	1981 年《食品安全农业法案》	美国国内采取较高的保护价，支持农业发展
现代农业法案时期（农业政策向市场化方向调整）	1985 年《农业和食品法案》	降低政府因收购过剩带来的负担，重新建立储备保存体系
	1990 年《食品、农业和贸易保护法案》	在 1985 年农业法案的基础上，降低了法案的预算，减少了价格支持
	1996 年《联邦农业促进与改革法案》	通过以历史产量为基础对农场主实行直接支付来代替过去的价格支持和供给控制计划，同时采取灵活的种植计划
现代农业法案后期（农业政策表现出明显的市场化特征）	2002 年《农场安全与农村投资法案》	①农产品当前的价格低于政府制定的目标价格时，政府向农民提供反周期补贴，且以历史产量为支付依据；②根据存储安全计划，实行土地储存支付；③继续实行灵活种植，以及根据历史产量实行直接支付计划
	2008 年《食品保护和能源法案》	①延续了《2002 年农业法》采用的固定直接补贴、反周期补贴、营销支援贷款、贷款差额补贴等措施，同时对补贴范围和资格进行调整；②增加对有机农业的补贴，加强对种植业及畜牧业的保险和灾害援助计划；③增加商品期货、贸易和税收条例
	2014 年《新农业法案》	①名义上取消固定直接支付、反周期补贴、平均作物收入选择计划，保留营销援助贷款项目；②新设立价格损失保障和农业收入风险补助；③拓展了农业保险的作用

二、美国农业法案的主要特点

仔细考察美国农业支持政策体系的构建过程并分析其特点，我们不难发现，绝大多数的美国农业支持政策都是通过对农业支持立法，即以法律的形式建立强有力的、规范性的农业支持体系来实现的。而且，依据不同历史阶段农业面临的主要问题和主要任务的不同，其农业立法的关注点和具体支持措施也会不同。美国农业支持政策（法案）大致经历了以下三个阶段。

（一）传统农业时期的法案

1. 第一阶段：1933～1948 年

20 世纪 30 年代，经济生产过剩和商品价格的不断下降，使第一次世界大战后的美国经济面临严重危机。为了解决农产品生产过剩、农产品价格下跌以及农民收入水平低的问题，美国政府先后出台实施了三个农业法案，分别是《1933 年农业调整法》《1938 年农业调整法》《1948 年农业法》，主要通过实施"销售贷款补贴"和建立政府农产品储备调控体系等，促进农产品扩大生产的计划，来解决美国维持其国内社会、经济发展，产业结构调整和在国际上实施其全球战略目标的问题。

2. 第二阶段：1949～1984 年

经过第二次世界大战之前、期间及之后对农业生产鼓励、刺激的政策，美国农业的生产能力和现代化水平得到了极大提高。自然而然，在资本主义经济规律作用下，随之而来的便是严重的生产过剩危机。"堆积成灾的"巨量剩余农产品越积越多，农产品价格不断下跌，农民收入和生活水平随之急剧下降，导致大批中小农户加剧贫困化和破产；而与此同时，农民购买的肥料、农具和其他工业品价格却不断上涨，土地和农业生产资料越来越集中到大农场主手中，农民对美国政府农业政策不满情绪日益增长。根据美国"时代"周刊的报道，美国由于无法销售而堆积起来的农产品价值，1953 年为 30亿美元，到 1959 年已经跃增到 90 多亿美元；而此时美国工业品价格却比1947～1949 年的平均数上涨了 28%，导致农业生产费用不断增加，再加上利息和租税等，美国农民的实际收入逐年下降。根据美国农业部发布的统计数字，1959 年美国农民纯收入只有 110 亿美元，远低于 1947 年 171 亿美元的水平。1960 年艾森豪威尔总统发表国情咨文，要求国会大量缩小耕地面积、削减农产品价格补贴和增加出口来缓和严重的农业危机。此后的几十年间，一直到 1990 年的农业法，几乎所有的农业立法都对农产品价格补贴和鼓励出口等政策进行了修改、补充和强化，特别是通过对农产品实施销售贷款补贴和国家农产品储备的"农产品计划"，调整和扩大农产品的补助范围，并使之成为美国农业政策的核心部分。

为应对农业产业发展中存在的上述问题，美国政府先后出台了 8 部法案，主要包括《1949 年农业法案》《1954 年农业法案》《1956 年农业法案》《1965 年食品与农业法案》《1970 年农业法案》《1973 年农业与消费者保护法案》《1977 年食品与农业法案》《1981 年食品安全与农业法案》等。1949 年农业法把主要农产品的价格支持保持在平价 90% 和 80% ~ 90% 的水平上，对 1952 年以后的农作物则根据供应情况，把价格支持降低到平价 70% ~ 90% 的水平上。[①] 对其他农产品的价格支持水平控制在不超过平价的 90%。同时，根据本国的政治、经济形势和保持产业结构协调稳定的需要，这一阶段，美国政府增加了农业贸易发展和海外食物援助计划，扩大和调整休耕地计划，实施农业资源调整，减少饲料粮生产应急项目，并开始对贫困人口实行实物援助等措施，提高农民收入，解决生产过剩危机。这些法案一定程度上帮助美国政府完成了对农业市场化的转向，也有助于调整农业产业结构，克服发展中的困境，为农业产业的进一步发展和经济结构的调整奠定了基础。

（二）现代农业时期的法案

这一时期农业支持政策的显著特点，是开始使农业发展由政府主导转而向市场化方向调整。在这期间，美国政府颁布了三部法案，分别是《1981 食品安全农业法案》《1985 农业和食品法案》《1990 食品、农业和贸易保护法案》。

20 世纪 80 年代初，国际农产品市场出现了明显变化。由于欧洲和亚洲一些国家也相继完成了农业现代化，农业出口增加、农产品价格下降，导致美国农产品出口减少，储备剧增，休耕地也不断扩张。这些情况又促使美国

---

① 《1933 年以来美国主要农业立法的内容简介》，新浪财经，http://finance.sina.com.cn/j/20080826/14365238256.shtml? from = wap。

政府在 1981 年颁布了《农业和食物安全法》，并规定了国内较高的保护价，导致美国政府承担了巨大的库存压力；与此同时，欧盟扩大了对农业生产和出口的补贴，成为美国农产品出口的主要竞争者。美国这一时期一系列农业法案的制定目的有了新的变化，具体的表现就是改变美国 50 多年的传统农业法案的实施办法，将农业政策向市场化方向调整。这其中比较典型的，是 1985 年《农业和食品法案》。该法案的颁布，标志着美国现代市场化农业法案时期的开始。这一法案的主要内容包括了政府采用较低的价格支持措施，减少农产品储备和休耕地，提高农产品出口竞争力；政府开始采用市场化手段来实施"销售贷款补贴"，进而解决国家农产品大量过剩和巨额储备问题。由于政府支付补贴与预先确定好的计划内项目农作物的"基数"面积，以及与农民当年实际生产的产品不再具有直接的关联关系，而是根据农民实际销售的农产品数量进行补贴，这就使得农场主拥有了更多的种植选择权，减少了政府对市场的干预；同时，该法案扩大了休耕保育计划等，对农业基础设施建设和发展具有积极影响。

（三）市场化农业时期的法案：1996 年至今

截至目前，美国联邦政府在这一阶段共出台了四个农业法案，分别是 1996 年《联邦农业促进与改革法案》、2002 年《农场安全与农村投资法案》、2008 年《食品、保护和能源法案》以及 2014 年《新农业法案》。

这一时期，美国面临的国内外形势发生了重大变化，特别是乌拉圭回合《关贸总协定》以及世界贸易组织有关农业支持方面的政策文件出台，导致美国国内生产和市场发生变化。1996 年《联邦农业促进和改革法案》的颁布实施，是美国现代农业法案的标志。该法案将实现"农产品计划"和"环境保育计划"的政策手段，由政府主导转向完善农业生产的市场导向、减轻政府农业支持政策财政预算压力、促进农产品出口贸易等方面。其中，最主要的变化是降低了农产品计划中的"贷款率"，采取了与产量逐步脱钩、预先确定项目的"直接补贴"，并且取消了部分粮食作物的休耕面积计划。但在 1998~2002 年间价格下降时，美国政府迫于政治压力又出台了"直接补贴"临时法规，把 1998 年、1999 年和 2000 年预先确定的"直接补贴"分别提高了 50%、100% 和 100%。据统计，在 1996~2001 年的 6 年间，美国在农产品计划的实施中的年均支出约 160 亿美元。

2002 年颁布实施的《农场安全和农村投资法案》，其主要目标是为农场主"提供可靠的收入安全网"的同时，继续实行 1985 ~ 1996 年的"农产品计划"和"环境保护计划"；在强调补贴同产品生产脱钩的同时，加大了政府在农村发展、作物保险、科研和技术推广、能源发展和灾害救助等方面的政策支持力度。特别是在农产品计划方面，该法案通过"反周期计划支出"为农民提供收入补贴，使过去曾经作为临时性补贴的一些政策永久化。该法案的"直接补贴"和"反周期补贴"提供的对象是每个农场预先确定的面积的 85%。它同"销售贷款补贴"和"直接补贴"一起，形成农民收入的安全保护网。2002 ~ 2007 年，美国在"农产品计划"的实施中，年均支出约170 亿美元。

2008 年美国出台了《食物、环境保护与能源法》。与 2002 年农业法案相比，该法案基本保持了"农产品计划"方面的支持力度和框架，并且"直接补贴"水平和"反周期补贴"基本保持不变；在"销售贷款补贴"方面，调整了部分计划内农作物的"贷款率"或"目标价格"；把受"销售贷款补贴"和"反周期补贴"影响的农作物范围，扩大到了豆类作物。与 2002 年的法案相比，该法案启动了每一个农民都可以自愿参加的"平均作物收益选择"项目，给农民提供了一种新的安全保障的补贴选择。即：第一是当农民从计划内项目农作物获得的总产值低于过去几年单产和价格成绩的平均数后，就可以获得"平均作物收益选择"项目的补贴。但如果参加了"平均作物收益选择"项目并获得的补贴，农民就失去了获得"反周期补贴"的机会；同时，在具体的数额上减少"固定直接补贴"的 20%，以及"销售贷款补贴"的 30%（谭砚文，2009）。第二是把过去临时性的一些灾害援助，变为永久性的计划；第三是新法案给单一生产者规定了"直接补贴"和"反周期补贴"的上限。

美国《2014 年新农业法案》，在内容上主要除了规定改革收入补贴、强化农业风险保障、调整资源保护项目、促进农村发展和科学研究、推广及相关项目以外，还特别强调了要继续发展可再生能源并提高能源效率，发展特种作物和有机农产品，帮扶新生代农场主和牧场主，林业政策常态化，贸易和海外农业以及本地和区域食物系统等。在对农业的补贴和支持方面，取消了名义上的直接支付、反周期补贴、平均作物收入选择补贴，新设立了允许生产者选择的价格损失保障和农业风险保障两个项目。从最终的实施效果上来看，价格损失保障能够一定程度上补偿农产品价格下跌而给农户带来的损失，可以被看作是对反周期补贴的调整，而农业风险保障可以被看作是平均作物选择补贴的升级模式，因为它针对的是农民收入的损失。也就是说，该法案实际取消了直接支付的补贴方式。

美国《2018 农业法案》，在其指导原则中明确了将继续支持"保护计划"，确保提供有效的经济财政援助，以改善土壤、水和空气质量以及其他自然资源的状态。此外，美国国会还通过"大平原保持计划"这一立法形式，保护农业产区土壤成分的优化与升级，调整土地使用结构，全面保护和提高农田使用效率。

三、政府对农业基础设施支持政策的发展

美国政府非常重视对农业基础设施建设和产业开发提供适当和可靠的财政支持。特别是随着互联网和信息技术的发展，美国对于农业基础设施建设支持重点逐渐从物流系统转向信息系统和生态系统建设。比如，针对西部地区水利基础设施缺乏与落后的现状，历届美国政府通过各种途径，采取措施推动政府投资和政府联合企业共同投资等方式来缓解资金不足的问题。2014年7月24日，在奥巴马政府"白宫农村工作委员会"的推动下，美国以联邦政府的名义建立了初始规模为 100 亿美元的"农村基础设施建设基金"（邹力行，2018），下设包括农业信贷管理局等专门的农业政策性金融机构，主要用于支持美国农村地区包括交通、能源、供水、污水处理、学校、医院等在内的基础设施建设。美国政府在项目的启动和运行阶段，负责提供税率优惠和适当补贴。这体现了美国政府统筹货币政策、财政政策和产业政策协同一致的目的，通过加大农村基础设施投资，促进就业和稳定市场的同时，推动美国中长期经济发展。

基于美国农业基础设施的状况，美国对农业基础设施的支持与政策倾斜大体经历了以下三个发展阶段。

（1）第一阶段是 1776 年美国独立到南北战争时期。这一时期的美国农业处于不发达的阶段，劳动方式仍然是以畜力及手工劳动为主。为改善农业基础设施状况，促进农业劳动生产率的提高，政府的公共财政资金主要用于对农业生产环境的改善和提高（季莉娅，2014）。

联邦政府通过以较低的价格出售公有土地，并以出售土地所获得的收益来支持交通运输等基础设施的建设，进而实现农业生产环境的改观。美国自 19 世纪开始便启动了大规模修建铁路为主的农业基础设施建设，铁路公司因而得到了政府补助，同时，政府又拨款资助农村公路建设。19 世纪中叶以来，美国政府连续开展了多次农业科技现代化革命，发展机械的革新、培育优良的品种，并开展以马拉农具和农业机械为中心的物质基础设施的建设等。

（2）第二阶段时从南北战争之后到 20 世纪 30 年代。这一时期是美国农业高速发展的时代，政府通过各种方式大量出资用于支持农业的发展。这个历史阶段政府公共财政对农业基础设施的投资，主要是在农业灌溉系统领域，但具体的财政支持措施仍以辅助支持手段为主，由各州政府通过出售联邦政府分配的公有土地，来获得州政府灌溉基金，进而实现对农业灌溉基础设施的资金支持。1862 年以后，美国政府根据农业生产发展的客观需要，开展了以州立大学农学院为主体的教学、科研、推广"三位一体"制为中心的社会基础设施建设。1865 年之后的 30 年间，美国灌溉面积增长了 1/3，建设了数十项大型水利工程。

（3）第三阶段是 20 世纪 30 年代至现在。为了促进农业产业的发展，美国政府自 20 世纪 30 年代的"罗斯福新政"开始，就不断地加强以农田水利设施、农村交通运输、电力、电信和互联网等为主体内容的农业基础设施建设，并对农业产业开发实施全面支持和保护，这为美国经济的发展和农业现代化的建设打下了坚实基础。

这一时期，美国联邦政府和地方政府为各类农业基础设施的建设提供了资金保证。政府对农业基础设施投资的重点，是保护土地及自然资源。在这一阶段，美国成立了专门负责农村电力、通信等电力相关基础设施的农村电气化管理局，后来被并入美国农业部。同时，为了应对经济大萧条、加速农村技术设施建设，美国政府颁布了《农村电气化法》，政府通过为农村电气化设施建设提供低息贷款，允许合作社利用低息贷款建设农村输变电设备、向电力公司批发电力、承担向农场输送电力的任务等，加速了农村电气化设施建设的规范化、标准化，被认为是美国当代农村发展政策的开端。

此后，美国又陆续出台了一系列关于农村发展计划，以及解决农村供水、污水、废弃物管理和农村工业化等问题的《农村发展法》《农村发展政策法》。互联网兴起后，美国又推出了互联网援助服务，通过给农村地区赠款来构建农业互联网服务网。此外，政府出台的各部《农业法》中，都明确提出要支持农村地区水资源设施建设、可再生能源建设和农村住房项目等各类基础设施建设。

四、政府对产业开发支持政策的发展

在农业产业的发展方面，美国联邦政府对多数农产品生产都给予支持，具体支持方式和程度随产品不同而有所差异。在不同的历史时期，法律都规定了享受政府直接生产补贴和价格支持的农产品，对那些没有补贴规定的农产品或者其他特别情况，也会受到政府支持。

从产业开发的角度来看，美国农业产业化经营开始于 20 世纪 50 年代，是世界上最早开始农业产业化经营的国家。自此之后，历届联邦与州政府都高度重视农业产业开发及产业化发展的问题，通过财政拨款、税收优惠、专项资金和配套政策等方式扶持农业产业化的发展。

美国许多州都推出了专为"涉农"产业化的农民提供的财政帮扶的计划。这些计划除了使用"州支农资金"以外，还对私营贷款机构发放给农民的"支农债券"提供联邦税收减免优惠。同时，很多州还为广大农民提供"银行存款贷款"优惠、"绿色通道"服务以及专为小微农民企业提供的低息贷款。除此之外，美国联邦与州政府每年都会支付因农业产业化的师资培养而支出的费用，并特别提供了专为农业减灾目的而设置的信托基金以及"农超对接"启动资金等。美国国会先后通过了若干法律对政府的反垄断行为作出明确规定，将非股份制、非营利性的合作社从《反垄断法》中豁免出来，为农产品运销加工企业提供了一个开放且相对公平的市场交易环境，规范市场交易行为。

经过几十年的发展，美国农业产业已经形成了集生产、加工、销售为一体的，一整套完整的经营组织和社会化服务体系，而且配套法律法规体系比较完善。美国农业产业化体系的建立和完善，推动和引导了农业一体化的方向，是助推美国农业产业化走在世界前列的重要原因。

五、有关基础设施和产业开发支持的措施

为推动美国基础设施建设和产业发展，美国政府设立专门机构负责国家农田土地保持事务。农业部作为"从田间到餐桌"一管到底的重要经济管理部门，在农业行政、财政、金融、农业计划与政策的制定、农业科研与教育推广、农业生产资料、农产品产业发展、贸易和出口等方面发挥着全局性和基础性的作用。在具体的基础设施建设和产业开发的支持方面，美国的做法主要集中在以下五个方面。

（一）设立专门的机构，支持农业基础设施和产业开发

美国农业部为适应不同历史阶段农业发展的需要，除在农业部内建立了相应的主管机构，而且还在全国各地建立了一支庞大的州级和基层现场工作队伍。比如，联邦政府农业部内设农场服务局，负责发放农业直接补贴。在基础设施建设方面，美国自19世纪中叶以后即在政府指导下成立了河务管理委员会，针对西部地区的主要河流建立河流管理部门，负责沿河流域的水利建设维护与治理。

（二）大兴农田水利基础设施建设，大力推动农村电力普及

作为农业发展的根本，农田水利基本建设是美国农业基础设施的重点。美国联邦政府、国会及州政府从立法、经济政策改革入手，发展农田基本建设，保证农田用地的完整、提高土地资源的有效使用效率。

在水利设施建设方面，美国非常重视农田的水利灌溉。为保证农业生产的顺利开展，美国政府在全国范围内先后修建了大量的灌溉和防洪水库堤坝、灌排渠道以及铺设了大量的滴灌管网等设备。为了解决西部地区的干旱问题，美国在西部相继兴建了350座大中型水库，为分布在5 400万亩地域间的12个大农庄提供了充足的灌溉用水，其中加利福尼亚州是美国农业第一大州，该州兴建了世界上一个最大的多用途水利建设项目，该项目共有29个蓄水库、18座泵站、4座抽水发电厂、5座水力发电厂和1 000多千米长的水渠和管道。截至2016年，美国的灌溉面积已达2 500万公顷，占耕地面积的

13%，其中喷灌面积为 800 万公顷，居世界第一位。①

由于农田水利设施具有准公益性的特点，这就使其无法完全依靠市场来满足项目投资的需求，加上农田水利项目投资大、收益期长等特点，农民无力，也不可能在水利投资体系中占据主体地位。在美国，农业灌溉骨干工程、农村供水工程等农业水利设施建设资金，一般都是由联邦政府和地方政府出资兴建的。为了让有关水利设施的投资制度更加规范，联邦政府专门将有关水利设施国家投资的做法通过法律制度固定下来，即水利设施建设投资一般是由联邦政府提供，其余资金由地方政府提供，并且通常情况下，这部分资金还是通过税收支出或政府提供担保的优惠贷款。对于相对落后的地区，联邦政府更是加大投资力度，或者采用无利率贷款的方式加以资助，对于农业水利设施的可行性研究、设计等技术方面的费用，全部由联邦政府提供。

美国还发布了一系列的灌区法，明晰农田水利设施产权、明确农民拥有的灌区，并采用与之匹配的灌区模式，同时，政府通过制定优惠的税收政策给予农民帮助和支持。美国早在 1902 年就颁布了《垦务行动法》，规定政府设立垦务局，来研究并且做出有关管理和维护的有效方法和规划。在修建农业水利设施之前，垦务局必须与农民签订合同，以便于农民参与灌区管理。而且，美国的农业水利设施产权明晰，供水权又可以有偿转让，这种经济独立、产权明晰的方式为农业水利设施建设的管理运行提供了法律制度保障，具有较大的可靠性和较高的效率。

在电力设施的建设和普及方面，20 世纪 30 年代，美国成立了专门负责农村电力基础设施的农村电气化管理局，负责农村电网和发电厂建设，后来并入美国农业部。1935 年，美国政府启动了旨在改善农村地区电力供应严重不足问题的农村电气化项目，在农村广泛建立起由农户联合组建的电力合作社，依靠农民的集体力量加快提升农村的电气化水平，而政府为农村电力合作社提供法律和政策支持。1936 年，美国颁布《农村电气化法》，通过法律的形式明确了政府对农村电价实行补贴，使农村电价低于城市，允许合作社利用低息贷款建设农村输电设备、向电力公司批发电力等，加速了农村电气化设施建设的规范化和标准化（范利君，2014；石爱虎，1997）。

① 《美国最核心的竞争力：现代农业傲视全球》，搜狐网，https://www.sohu.com/a/233274917_762607。

自 1936 年《农村电气化法》和《电力合作社团体法》颁布开始，美国的农电合作社即获得了大量的低息长期贷款来建立发电厂（包括水电、火电等）、配电站和输电线路等。与此同时，农电合作社还可以凭优惠电价对联邦政府所有电厂的电力都拥有优先购买权，以确保其区域内的所有农户都能得到充足电力供应。这些措施使得美国全年有电农场的数量，由 1934 年不到 11%，发展到 1949 年的 33%，到 1950 年达到 78%，1954 年达到 93%，进而实现了农村和农业的电气化（孙鸿志，2017）。

美国还建立了完善的农村电力供应及管理系统，农业部下属的农村电气化管理局是最高的政府管理机构，为农村电力合作社提供直接贷款或者作为担保者向银行借贷，各州政府也有相应的农村电力合作管理局，对农村电价进行监管，批准农村电力建设项目，并限制私人企业进入农村电力市场。

美国曾经是世界上最大的电力生产国，最高时，年发电量占世界总发电量近三成，达到了 4 万亿度，而且，美国还拥有 32 万千米的超大规模高压输电线路，其中的区域性电站和电网就包括了美国农电的 60 个发供电合作社和 875 个配电合作社。这一切为农业现代化建设和发展提供了巨大的基础设施条件。

（三）重视解决农村交通运输问题

美国是典型的城乡一体化的国家，这与它完善的交通运输体系有关。在乡村公路的建设和维护方面，美国政府发挥了主导作用。美国在 1800 年开始修筑第一条公路，1817 年开挖第一条运河，1825 年开始建造第一条铁路。始于 1864 年横贯大陆的大规模铁路建设，以及始于 19 世纪初到 19 世纪 40 年代的运河建设高潮，尤其是始于 20 世纪 30 年代全国范围内的大规模公路建设，把美国的乡村与城市连成了一体，共同形成了一个庞大的四通八达的交通运输网络。[①] 目前，美国公路总里程达 600 多万千米，其中农村道路有 300 万千米，为美国农业广大区域实现规模化生产、种植和农业机械化以及各种农产品特别是易腐产品的全天远途运输创造了必要条件。[②]

---

①② 党国英：《编制乡村振兴规划须注意的几个问题》，爱思想网，http://www.aisixiang.com/data/112242.html。

（四）完善农业生产服务体系

在农业生产服务方面，美国采取了一系列的措施，其根本目的就是要使农业生产者能够摆脱因农业的弱质性和高风险性对基本利益所造成的威胁，保证农业生产者能够获得社会平均利润率，从而保护农业生产者的积极性。

众所周知，美国的农业支持政策经常在价格补贴和限制生产之间来回摇摆。但其保护农民利益与稳定农业生产的目标却是始终如一的。这一点在农业服务体系建设上有较好的体现。为了防止农产品过剩，美国政府经常采取限产政策，削减农产品种植面积。20 世纪 30 年代采取的播种面积配额和销售配额政策，是根据某产品上一年度的期末库存以及对下一年度国内市场需求和单产的预测，估计出下一年度的总产量和播种面积总数，然后分别下达到各地区，并根据各个农场历史上的播种面积比例落实到每个农场。而销售限额则是根据总产量分配给各个农场销售某种农产品的最大数量。凡是按计划生产和销售农产品的农场，都会得到较高的价格支持，超过限额的农场则会受到相应处罚。

在农产品急剧增加的 20 世纪 50～60 年代，政府推行自愿退耕计划，引导农场主把部分耕地退出生产用于土壤保护。自 1977 年起，政府实施了"储存或缓冲库存计划"。这是政府为鼓励农民自己储存农产品而采取的一种措施，政府通过拨付农民一定储存费用，由农民储存其产品，并对谷物等农产品预先规定"释放价格"和"号令价格"的方式，当农产品市场价格低于释放价格时，农民不能随便出售；当市场价格高于释放价格而低于号令价格时，农民就必须在一定时间内出售其农产品，并归还无追索权贷款。通过这一计划，市场农产品供求关系和市场物价得到有效缓解，政府库存压力得以减轻，而且农民可以通过政府储存费用的支付而获利。

1985 年《国家食物保障法》又增加了保护性储备计划，凡参加计划并与政府签订 10 年合同的农场主，可从政府得到相当于全部地租和绿化及土壤保护性措施成本总数一半的补贴。

在农产品价格方面，美国政府为克服市场竞争的盲目性，缓解农产品供需矛盾，自 20 世纪 30 年代起就对农业进行干预和调节。其中，这些政策的核心是数量管理与财政补贴相结合的农产品价格支持政策。具体手段方面，政府对主要农产品都确定了以生产成本为基础的目标价格，以便保证农场主获得比较稳定的、可以与其他行业相比拟的利润率。当市场价格低于目标价格时，政府向农场主补贴两者之间的差额。但政府的补贴是有条件的，凡是享受补贴的农场主必须参加政府减耕计划和水土保持计划，且减耕比例在不同时期各有不同规定，如在 1961 年饲料和谷物计划中，曾规定农场主至少停耕可耕地面积总数的 20% 方可获得补贴等好处（萨谬尔森，1993）。

在信贷政策方面，政府推行"无追索权贷款"，即参与该项计划的农场主获得的由农业部农产品信贷公司（CCC）提供的一种担保贷款。其基本做法是，为保证农业生产者的基本收入水平，政府事先制定出每单位农产品的支持价格（即贷款率），在农产品收获后的任何时间，生产者可将农产品按支持价格抵押给农产品信贷公司而取得该项贷款。之后，如果市场价格不能达到支持价格水平，信贷公司无权索回贷款，而当市场价格高于支持价格时，农场主可自己在市场上出售农产品，然后再偿还该项贷款的本息。一般来说，政府制定的支持价格等于或略高于农产品的生产成本，且贷款利率远低于商业贷款利率。所以农业生产者可从此项计划中以较低的成本（贷款利率）获取高收益（市场价格高于支持价格）的机会。通过上述措施，政府可以达到鼓励农民种粮、提高种粮积极性，稳定农民收入，进而支持农业产业发展的目的。

（五）大量兴建农村电信（固定电话、移动电话、有线电视和互联网等）设施

作为电信业最发达的国家，美国是世界上第一个在农村地区普及了固定电话、移动电话、有线电视和互联网的国家。仅 2010 年，美国农业部就向美国 38 个州和尚存的部落地区拨出了 12 亿美元的补助和贷款以建设 126 个宽带安装工程，直接推动美国农业信息化迈上一个新的高度，为进一步提升美国农业生产效率创造了更好的条件。这些设施对农业产业产生了极大的影响。目前，美国是实施精准农业最发达的国家，农业信息化正在农业机械化、自动化的基础上，向智能化、精准化阶段提升，这使得美国农业的国际竞争力始终处于世界领先的地位。

此外，美国农业基础设施建设还包括政府出资建立农产品加工、储藏、销售网点；配置农业生产动力设备；广布农业气象站，以及建立农业大数据等。

第三节　欧盟对农业基础设施和产业开发的支持

市场竞争是农业基础设施和产业开发的基本动力，但由于在对农业基础设施和产业开发过程中，伴随经营规模扩大、土地集中、农村劳动力转向非农产业和人口向城市迁移等一系列经济社会问题，加之农业基础设施和产业开发存在的资金、技术约束，政府的扶持也是十分必要的。第二次世界大战以后欧盟各国对农业的保护政策，对推进农业基础设施和产业开发起了十分重要的作用。

一、长期实行农业结构调整政策，扩大农业经营规模

除英国外，其余欧盟各国的农业以家庭经营为主，总的来说，农业经营规模偏小，影响了农业的效率和竞争力。因此，为了促进农业发展，提高农业的竞争力，20 世纪 50 年代以后，欧盟各国长期普遍实行了意在扩大农业经营规模的"农业结构政策"，使农业的经营规模不断扩大。

联邦德国从 20 世纪 50 年代开始实施大规模的"土地整理"。1954 年，联邦德国政府颁布了《土地整理法》，县级以上政府都设立土地整理局，引导农户通过交换、买卖、出租等方式使地块相对集中，经营规模扩大。据统计，1954～1977 年联邦和州政府共投入 100 多亿马克，完成整理的土地面积达 500 多万公顷，达到农地总面积的 1/3 以上。20 世纪 80 年代初进行的土地整理项目为 4 862 个，面积达 437 万公顷，90 年代中期这两个指标分别为 3 955 个和 303 万公顷（黄金辉，2003）。为了进一步加快土地集中和促使农业经营规模扩大，联邦德国从 1969 年开始给出售土地和长期出租土地、退出农业经营的农民发放专门的补助金（樊帆，2019；蔺金录，2016）。从 1989 年开始，在西部实施农民提前退休制度，鼓励农民提前退休，将土地集中到年轻的有生命力的农户手中。[①] 从 1995 年开始，东部新州也实施统一的农业保险制度（吴扬，2006）。

---

① 国家农业综合开发办公室：《农业综合考察报告》。

英国从 20 世纪初即通过立法手段，促进农业经营规模扩大。为了克服封建土地所有制对土地流转和农业经营规模扩大的制约，英国政府先后通过立法确定农民的经营自主权、租金协议权、土地投资保护权，以及佃户有权将自己与地主的冲突提交各邦农业委员会仲裁解决，这对于改善农民地位，促使大地主庄园制逐步解体发挥了主要作用。同时政府规定对进行合并的农场，政府给予 50% 的合并费用，对放弃农业经营的农场主，政府给予不高于 2 000 英镑的补偿，同时提供转业培训和资助，正是这一系列政策使英国的农场经营规模在 1995 年平均达到 70.1 公顷，远高于欧盟平均 17.5 公顷的水平，成为欧盟农业经营规模最大的国家（丁士军，2013）。

法国政府在 20 世纪初开始采取立法措施促进小块土地合并，第二次世界大战以后，这些措施得到了进一步的补充、完善。1945～1960 年，每年合并的小块土地达到近 30 万公顷，总计合并土地 320 万公顷（陈丹，2008）。20 世纪 60 年代初，根据颁布的《农业指导法》，政府组建了土地整治和乡村建设公司。该公司依法享有土地优先购买权，负责对购买的土地实施土地整理和兴建农业基础设施，然后优先出售给大农场。1963～1982 年，该公司先后收购 145 万公顷土地，占同期土地交易量的 1/5。为了进一步促进农用土地集中，法国政府专门设立了"调整农业结构社会行动基金"，由该基金对放弃农业经营的农民发放终生年金。这一措施促使几十万农民放弃了土地，从而集中了全部农业用地的 1/4 以上，为土地集中与农业经营规模扩大作出了巨大贡献（黄金辉，2003）。1995 年法国又颁布了《农业现代化法》，重点强调扶持对青年农民的支持和鼓励公司制农业的发展（戴蓬军，1998）。

二、扶持农业合作经济组织，促进农业产业化健康发展

由于欧盟各国不利的农业自然资源禀赋，经营规模偏小成为制约各国农业发展的重要因素。为了弥补这一不足，欧盟各国大力扶持农业合作经济的发展，使之在促进农业产业开发过程中发挥重要作用。20 世纪 50 年代以来，农业合作经济发展迅速，经营范围涵盖了农业的供、产、销，农产品加工、信贷、保险、社会化服务等各个环节，绝大多数农户进入了不同类型的农业合作社。有些农户同时参加多个合作社，甚至一些城镇居民也加入合作社。农业合作经济在降低市场风险、扩大农业经营规模、提供社会化服务、提高

农业的市场竞争力和农业经营的效益等方面发挥了积极作用。欧盟各国农业合作社的迅速发展，得益于政府的政策和法律的有力支持。

（一）重视合作社法制建设，为合作社规范化发展提供法律依据

1867 年，德国制定了第一部合作社法，以后又经不断修改和完善。合作社对各类合作社的成员组成、经营宗旨、资金入股和经营原则等方面都作出了明确规定，使合作社走上规范化的发展轨道。在长期发展的基础上，形成了基层合作社、地区合作联社和中央合作社三级体系。但合作社法明确规定了它们各自的独立法人地位，以保障社员的合法权益不受损害。

（二）在经济上对合作社实行支持政策

为了鼓励农户参加合作社，政府对合作社在经济上实行优惠与扶持政策。如对合作社的利润实行减免税，合作社可以获得政府的贴息贷款。通过合作社系统为农户提供信息和技术服务，同时吸纳合作社参与农业政策的制定和修改，以提高合作社的政治地位。合作社拥有政策、法律和经济上的支持，使参加合作社的农户能获得真实的利益，这是欧盟农业合作社的生命之所在。

（三）在教育中普及和推广合作社的思想理念

合作社健康发展的要件之一就是社员的民主法制观念和合作意识。丹麦合作社之所以能成为欧盟成功运作的典范，一个很重要的原因就在于它从 18 世纪中叶开始，就在国民高等教育中普及合作社的思想和介绍运作方式。丹麦政府从 1966 年以来实行的"绿色证书"培训计划中，也始终贯穿着合作思想的内容（岳小花，2014）。同时政府规定从事农业的青年必须合格才能取得农业经营的资格。德国农业协会和食品农林部为了提高农民参加合作社的积极性和参与能力，经常向农户与农业企业推荐标准的合作社规章制度，并印成宣传资料免费赠送，宣传合作社的好处和组织方式，深受农民欢迎。

正是在一系列政策与法律的支持下，欧盟各国的农业合作经济得到了巨大的发展，在农业经济活动中占据了很大的份额。各国农业合作社在销售农产品，提供农业生产资料和农业贷款方面的份额分别为：30% ~ 85%、40% ~ 60%、75% ~ 95%（贾生华，1999）。农业合作社的规模也不断扩大，许多农业合作社发展成为产值高达几十亿美元的大型跨国公司，极大地拓展了农业发展的

空间，提高了农业的经营效益，为参加合作社的农户带来了可观的经济利益。

三、运用优惠的财政、金融政策支持农业产业化发展

财政、金融政策是政府调节经济的主要杠杆，其目的在于保持社会总需求与总供给的平衡，促进国民经济健康发展。欧盟国家在推进农业产业化过程中，也将财政、金融政策作为重要的调节手段，并且综合运用这两种政策工具，使其在农业产业化过程中发挥了十分重要的作用。

（一）财政手段

欧盟国家支持农业产业化的财政手段主要有财政支出、税收优惠和向欧盟共同农业政策的缴款返还等三种方式。在 20 世纪 60 年代中期，联邦德国国家预算中用于农业的支出达到 7%，而来自农业的收入仅为 0.7%，二者之比为 10:1（余涤非，2012）。1980~1988 年，政府对农业的财政援助、税收优惠平均每年达 47.5 亿马克。同时，该期间平均每年向欧盟缴纳的 170 亿马克款项中，其中 96 亿马克返还，基本用于扶持农业发展（高启杰，1996）。从 1956 年开始实施第一个"绿色"计划，到 1971 年，政府在该计划上的投资总额超过 300 亿马克，几乎相当于同期农民购买农机的总价值（孙定东，2009）。换言之，20 世纪 60~70 年代联邦德国农业机械化的推进，基本上是政府财政支出的结果。1990 年民主德国与联邦德国统一后，德国政府又在东部投入巨资进行农业开发，使德国东部农业迅速发展，农民收入不断提高（刘文博，2016）。近年来，德国东部的农民收入已经赶上甚至部分地区已超过西部地区的农民收入。法国在 20 世纪 60 年代中期，国家预算来自农业的收入与用于农业的预算支出之比也达到 1:5.5。①

（二）金融手段

现代农业是资本密集型产业，农业现代化国家的农业资本有机构成早已超过工业。因此，现代农业的发展离不开金融业的强力支持，农业对资本的

---

① 全国供销合作总社科技教育与工业部：《欧盟国家农业产业化经营的主要做法及对我们的启示》，载于《中国商办工业》2001 年第 11 期，第 27~30 页。

巨额需求仅靠农业自身的积累是远远不够的。这样，政府使用优惠的金融政策，刺激社会资本投入农业，就成为农业产业化发展的必要条件。政府支持农业产业化的金融政策主要是通过政策性金融手段来实现的，其措施主要有以下三方面。

1. 实行优惠利率

大多数欧盟国家都对粮、棉、油，甚至还包括蔬菜、肉类的产、销、加工实行优惠利率。如意大利政府就由财政部与农业部定期确定利率上限，再由各地规定可行的利率补贴标准。法国、西班牙等国家在政策性信贷项目建立以前或初期，则将补贴或直接发到农业企业，或通过政策性银行拨款补助企业。但以后大多数国家还是转变为直接贴息。法国政府每年对农业信贷银行发放的农业政策性贷款的利息补贴达 50 亿 ~ 60 亿法郎，占其农业财政预算的 22% 左右。1982 年末贴息农贷达 1 186 亿法郎，占农业信贷银行贷款总额的 31%。丹麦政府也对农业政策性投资给予贴息支持，利息津贴的 75% 由政府支付，25% 由欧盟共同基金支付（胡朝建，2001）。

2. 根据实际需要确定贷款期限

农业政策性贷款期限长短不一，差别很大。有的长达 60 年，有的只有 2 ~ 3 个月。但多数农产品贷款基本上属于 3 年期内的中短期贷款。长期贷款以农用机具购置与农产品贮存贷款为主。对这类贷款，政府实行高额贴息，甚至无息贷款。

3. 限定用途

优惠贷款的用途主要在于扶持农产品生产、购销、储备、加工等，限定贷款用途的目的在于防止农业财政补贴资金流向非农产业，保证农业资金的充分投入。各国都对农业政策性信贷限定了严格的用途，并制定了严密的监控措施与违规处理办法，保证了农业的资金需求与农民的利益。

在优惠金融政策的支持下，欧盟各国的农业政策性金融事业发展迅速，农业投入不断提高。如法国农业信贷银行凭借政府的支持，资金实力日益雄厚，在全国设立了 94 家地区分行和 3 000 多家地方分行，基层办事处达到 10 000 多家。同时，农业信贷合作社实力不断增强，使法国平均每 22 户农民家庭就拥有一个信贷员，形成了遍布全国的农业信贷网络，充分满足了农业发展对信贷的需求。20 世纪 60 年代以来，政府对符合政策要求和目标的农业信贷需求，都给予优惠贷款，其利息由财政补贴。据 1988 年的统计，当年国家预算用于农业的利息补贴达39.7亿法郎，占当年优惠贷款利息补贴总额的28.2%。联邦德国也长期通过减息发放农业优惠贷款，其长期农业信贷得到政府优惠的比例达到80%，贴息或者由联邦政府、各州政府有关部门直接发放或由联邦预算拨款补贴，实际利率仅为3%左右，几乎只有一般商业贷款利率的50%（赵俊先，2011）。

四、实行农产品价格保护政策和价格补贴政策，提高农业经营者收入

由于农业自然再生产与经济再生产交融的特点，加上农产品的需求弹性小，供给弹性大，如果完全依靠市场调节价格，农产品的价格波动将十分剧烈，这将使农业经营面临很大风险，造成农业经营困难，农民收入剧烈波动。

提高农业经营者收入的一种途径是实行农产品价格保护政策。农业在国民经济中的基础地位，特别是粮食生产的稳定事关国计民生、社会稳定和国家安全，国家必须对农产品价格实行保护政策，通过政府干预农产品市场，实现农产品市场供需相对平衡和农产品价格相对稳定。欧盟各国由于农业规模总体偏小，农产品生产成本较高，为了保证农户利益，对农产品价格进行高强度的补贴。欧盟农产品价格保护政策的主要形式是农产品价格保护制度，政策法律依据是欧盟共同农业政策，实施的办法是每年4月初，欧盟各国的农业部长开会共同讨论制定农产品保证价格。当农产品供过于求，价格下跌时，农民可以按"保证价格"向政府出售农产品（20世纪70年代联邦德国的农产品"保证价格"仅比市场价格低3%左右）。政府将收购的粮食存入国家粮库，在农产品歉收、市场供不应求时投入市场，保证市场供应与粮价稳定。对于不易贮存的鲜活农产品由政府收购后实行定量销毁或由农户直接销毁，政府给予补贴，以控制市场供给量。政府制定保证价格的原则是"中线定价"，即以中等农户的生产条件作为定价的依据，实际上是以价值作为定价的基础，从而有利于保护农业经营者，特别是专业农业经营者的利益。

提高农业经营者收入的另一途径是实行农产品价格补贴政策。价格补贴是通过农业生产资料补贴实现的。20世纪50年代，联邦德国政府对农民购

买化肥给予 12% ~ 14% 的价格补贴。1956 ~ 1963 年，政府共支付 18 亿马克的化肥补贴。从 1956 年开始，政府对农民购买农业机器的燃料给予 23% ~ 50% 的补贴，占农用燃料支出的 1/3 以上。① 欧盟除了各种农产品价格干预措施外，还给予农户各种补贴，如月补贴、休耕补贴、出口补贴、环保补贴以及对农民修建公共设施和住房等给予资助，同时给予农民税收优惠和建立农村社会保障制度，以提高农户的收入水平，缩小城乡收入差别。

五、支持农业教育、科技发展，深化农业产业开发

农业现代化的关键是科学技术，科技进步离不开高素质的农业科技人才、农业经营者和劳动者。因此，欧盟各国普遍将支持农业教育、科技发展，作为推进农业产业化、现代化的最重要的手段之一。

（一）推动农业教育发展，增加农业人力资本

欧盟国家的农业专家认为，农业发展的主要动力是科技进步与市场竞争，而提高农民受教育水平恰好是促进科技进步与提高市场竞争力的根本途径。所以，欧盟各国普遍重视农业教育，各国主要通过两个渠道促进农业教育的发展：其一，政府的农业教育体系；其二，合作社的农业教育。此外，私营公司也从事一些农业教育工作。

德国加强农业教育主要通过两条途径（黄金辉，2003）：第一，制定严格的培训考核制度，只有通过规定的考核，取得相应资格证书的人才能成为农场主或农场职工。

德国规定，年轻人必须经过九年制义务教育，然后经过三年的学徒生活，经考试合格后才能从事农业经营。三年学徒期内，学员用 4/5 的时间在农业企业里实习，1/5 的时间在学校里学习理论知识。而且，政府对接收学徒的农业企业作了严格的规定，即只有那些在农业学校经过 4 年的学习，并通过农技师考试的人经营的技术先进、具有中等以上规模、管理水平较高的企业才能接收学徒。德国农业教育系统涵盖了初、中、高三级农业技术人才培养。

---

① 依据 1985 年赴联邦德国农业经济考察团在《中国农村经济》1985 年第 2 期发表的论文整理而得。

职业教育包括普通中学、实科中学和高级文科中学，学制分别为 9 年、10 年、13 年①。普通中学毕业，通过两年专科学校学习，国家考试合格者才能成为农场主或农技人员；实科中学毕业，通过 3 年的专业学习和一年的实习，考核合格者授予农学"工学士"学位（大专）；高级文科中学毕业，经 4 年高校学习，合格毕业生授予"农学士"学位。1969 年联邦政府颁布的职业培训条例规定，农场主、园艺农、乳制品技术员等 12 种农业职业，都必须经过专业培训毕业并经 3 年实习，经资格考试合格后才能从事相关工作。此外，在职农业人员也由专科学校、经济咨询单位、职业协会负责进行再培训，以不断提高农业技术水平与了解农业发展动态与市场信息。

第二，为农户提供热心周到的咨询服务，以弥补农户技术和信息不足的问题。德国为农户提供咨询服务的有两类机构，一类是联邦政府农业部和各州农业部负责农业教育培训和咨询的处室及下设的各咨询服务部；另一类是得到政府资助的独立的农林主协会。这两类机构的工作人员都是受过农业高等教育，同时又具有丰富实践经验的专业人员。他们负责种植业、养殖业、林业等方面的专门技术咨询，按时发布各类农业科技信息、市场信息与政策信息，引导农业生产。

丹麦于 1966 年开始实行"绿色证书计划"，计划规定从事农业职业的青年人必须接受 4 年期的农业课程教育，其中包括 3 个月的初级课程，3 年的实践教育和 9 个月的农场管理课程，经考试合格后发给"绿色证书"（岳小花，2014）。政府规定只有获得"绿色证书"的人才能购买和开办农场，也才能从国家那里取得经济资助。1970 年以后，在教育部门成立了"农业学校理事会"，并吸收农场主协会等农业组织从事农业教育工作。丹麦政府同时重视对农场主、农业科技人员的继续教育，通过职业培训课程、讲座、组织会议、举办农业展览、现场示范以及咨询服务等，以更新农业经营者的技术与知识（王星飞，2016）。

（二）促进农业科技进步，为农业产业化提供强大的推动力

现代农业的主要特点是科学化，科学技术进步在农业发展中起了决定性作用。农业产业开发是在科学技术的不断进步并广泛运用于农业的基础上发

---

① 《德国学制》，搜狐网，http://www.sohu.com/a/121286161_473516。

展起来的。由于农业科技具有准公共产品和农业科技投资风险大的特点，所以政府的农业科研与推广部门在农业科技进步中起了主导性的作用。与美国、日本等农业发达国家一样，欧盟各国的农业科研与推广部门也主要由政府组织与资助。

德国是世界上最早建立公共农业科研体系的国家。早在 1852 年，德国农民就在著名化学家李比希（Liebig）的呼吁下，在默科恩地区成功地建立了一个由社会资助的农业试验站，并由政府立法保护，每年得到政府的财政预算支持，从此开启了世界农业研究社会化的过程（杨永坤，2011）。德国政府资助的农业科研机构主要包括农林食品部与州政府下设的农业研究机构、农业院校和研究协会设立的农业科研机构，主要从事基础理论研究，也从事一些应用技术研究。

芬兰早在 20 世纪 70 年代就建立起了完善的畜禽良种繁育推广体系，全国拥有 7 个良种猪专业测定站和两个良种家禽综合测定站，负责种畜鉴定。同时为了提高良种化水平，还专门成立了人工授精研究所和服务站，由专业技术人才为农户提供技术咨询与服务（李冉，2014）。

第四节　中国对农业基础设施和产业开发的支持

相对于美国和欧盟对农业基础设施和产业开发的支持与巨额投入，我国不仅起点低、起步晚，而且农业支持政策的指向性与强制力还存在明显差距。新中国成立以后，虽然在改善农业生产条件方面也投入了巨大的精力和人力、物力，并取得了显著成就，比如，20 世纪 50 年代到 70 年代末，我国农业基础设施建设发展迅速，一大批农田水利设施得以兴建。但这些工作都带有明显的改善基本生产条件的补课性质，远远谈不上国家的工业化和农业现代化战略，以及有目的的政府公共政策体系的建设与实施。

改革开放以来，特别是近十几年来，国家加大了农业基础设施建设投入力度，建成了一批重大水利骨干工程，农田水利设施条件显著改善。进入 21 世纪后，特别是自 2004 年开始，中央政府进一步加强对农业和农村发展的支持力度，每年的中央一号文件都把加强农业基础设施建设作为发展现代农业的重要内容和首要任务。2008 年以来，中央政府提出要加大农业基础设施投入，突出解决城乡道路交通设施、水利建设改革发展等诸多问题。仅"十二五"期间，累计中央预算内农业投资已超过 1 400 亿元，为"十一五"期间的 2.3 倍，"十三五"期间已经累计安排中央资金超过 2 700 亿元来支持贫困地区的农村公路建设。截至 2018 年 2 月，我国农村公路总里程达到 396 万千米，99.2% 的乡镇和 98.3% 的建制村通了沥青路、水泥路。特别是中国共产党第十八次全国代表大会以来，我国农田水利基本建设已投劳工日 182 亿个、投放机械 14.64 亿台（套）、完成土石方 539 亿立方米，小农水总投资达到 1 590 亿元，新建、改造小型水源工程 62 万处，新建、维修渠道 46 万千米。截至 2017 年底，我国农田灌溉水利用系数从 1998 年的 0.4 提高到 0.52。[①]

在农业产业化发展方面，近年来我国加大政策支持力度，促进农村产业发展与融合方面取得显著成效。2017 年，我国农产品加工企业主营业务收入超过 22 万亿元，农产品加工业与农业总产值之比由 2012 年的 1.9：1 提高到 2.3：1；休闲农业和乡村旅游蓬勃发展，2017 年营业收入 740 亿元；农村创业创新活力迸发，2017 年返乡下乡双创人员累计达到 740 万人，农村本地非农自营人员 3 140 万人；农村一二三产业融合发展态势形成良好局面。[②]

一、政府对农业基础设施提供支持的政策

新中国成立以来，我国政府高度重视农业基础设施建设。在制度层面上，我国先后制定并出台了若干法律法规和政策文件，对农业基础设施建设及相应的支持措施做出规范。从操作层面上，我国对农业基础设施的支持，主要是由政府或者政府性机构出资。

中央政府的层面上，为改善农业生产条件、支持农业发展，优化农业和农村经济结构，并提高农业综合生产能力和综合效益，国家先后设立了农业农村部农业产业化办公室、财政部国家农业综合开发办公室等专门的部门及机构，制定了一系列的法律法规来约束对农业基础设施和产业开发的支持，并设立了专项资金对农业资源进行综合开发利用和保护，加强农业基础设施

---

① 陶丽琴、肖智勇：《农田水利建设：护卫粮食连年丰收的命脉》，载于《农田水利报》2016 年。
② 中华人民共和国农村农业部新闻办公室：《农村一二三产业融合助力乡村振兴》，《农民日报》，2018 年 6 月 19 日。

和生态建设，推进农村一二三产业融合发展，促进农业可持续发展和农业现代化。

自 1998 年开始，国家对农业基础设施建设以及农业产业开发、农业园区试点项目实施农业综合开发支持。财政部下发了一系列文件，对开发资金的会计制度、财务管理、资金投入比例等做出了明确规定。根据 2005 年 8 月财政部《国家农业综合开发资金和项目管理办法》及其修订意见，中央和地方财政分别承担农业综合开发支出责任，中央财政根据农业综合开发工作的目标和任务，在年度预算中安排必要的资金用于农业综合开发。地方各级财政投入资金应当列入同级政府年度预算。上述文件规定，农业综合开发资金主要用于农田水利工程建设，土地平整、土壤改良，田间道路建设，防护林改造，农业生产、农产品加工设备购置和厂房建设，农产品储运保险、批发市场等流通设施建设，农业社会化服务体系建设等。

1993 年《农业法》将"国家农业投入"单独列为一章，在第四十二条和第四十五条明确规定"国家财政每年对农业总投入的增长幅度，应当高于国家财政经常性收入的增长幅度"和"国家农业投入主要用于治理大江大河大湖的骨干工程，防洪、治涝、引水、灌溉等大型水利工程，农业生产和农产品流通重点基础设施，商品粮棉生产基地，用材林生产基地和防护林工程，农业教育、农业科研、技术推广和气象基础设施等"七个方面。新修订的《农业法》第三十八条规定，各级政府财政预算内安排的各项用于农业的资金，应当主要用于加强农业基础设施建设。2016 年 4 月通过的《农田水利条例》第三十五条规定，农田水利工程建设实行政府投入和社会力量投入相结合的方式。县级以上人民政府应当多渠道筹措农田水利工程建设资金，保障农田水利建设投入。

自 2004 年开始，每年的中央一号文件都规定了国家对农业和农村的支持政策。2005 年 8 月，财政部出台《国家农业综合开发资金和项目管理办法》（以下简称《办法》），并先后在 2010 年和 2016 年做出修改决定。《办法》中明确，中央政府为支持农业发展，改善农业生产基本条件，优化农业和农村经济结构，提高农业综合生产能力和综合效益，设立专项资金对农业资源进行综合开发利用和保护。文件同时指出，包括土地治理项目和农业产业化发展项目在内的农业综合开发，其首要任务是加强农业基础设施和生态建设，转变农业发展方式，推进农村第一二三产业融合发展，提高农业综合生产能力，促进农业可持续发展和农业现代化。

2013 年国务院正式批复了《国家农业综合开发高标准农田建设规划》，财政部印发了《关于发布实施〈国家农业综合开发高标准农田建设规划〉的通知》，随后，国家农业综合办公室印发了《关于认真组织实施〈国家农业综合开发高标准农田建设规划〉的通知》，对各地高标准农田建设规划的编制和实施做出具体部署。这些文件都对农田基础设施建设及其支持措施做出了明确规定。

《国务院关于印发全国农业现代化规划（2016—2020 年）》规定，要健全财政投入稳定增长机制。在厘清政府和市场边界的基础上，将农业农村作为国家财政支出和固定资产投资的重点保障领域，建立健全与事权和支出责任相适应的涉农资金投入保障机制，确保国家固定资产投资用于农业农村的总量逐步增加。2017 年 8 月，农业部《进一步加大高标准农田等基础设施建设投入力度》的文件指出，要进一步加大高标准农田等基础设施建设投入力度，鼓励各地加强集中育秧、粮食烘干、农机作业、预冷贮藏等配套服务设施建设，扩大对农业物联网、大数据等信息化设施建设的投资。

2017 年 8 月，为创新农村基础设施投融资体制机制，加快农村基础设施建设步伐，国务院发布《关于创新农村基础设施投融资体制机制的指导意见》，加快补齐农村基础设施短板、推进城乡发展一体化为目标，以创新投融资体制机制为突破口，明确各级政府事权和投入责任，拓宽投融资渠道，优化投融资模式，加大建设投入，完善管护机制，全面提高农村基础设施建设和管理水平。发挥政府投资的引导和撬动作用，采取直接投资、投资补助、资本金注入、财政贴息、以奖代补、先建后补、无偿提供建筑材料等多种方式支持农村基础设施建设。鼓励地方政府和社会资本设立农村基础设施建设投资基金。

二、政府对产业开发支持的政策

自新中国成立以来，我国一直采取对农业产业予以支持的政策。特别是近年来，为加快发展现代农业、提升农业竞争力和促进农业可持续发展，国家围绕区域优势特色产业发展，大力推进新型农业经营体系建设，强化现代农业发展的产业支撑，通过财政支持措施扶持壮大一批带动能力强、与农民建立紧密利益联结机制的农业产业化龙头企业，发展了一大批高效、生态、安全、市场竞争力强的优势特色产业。

2003 年 12 月，财政部印发《关于改革和完善农业综合开发若干政策措施的意见》，对改革和完善农业综合开发政策，提出了具体要求。2005 年以来，国家相关部门先后印发了《国家农业综合开发资金和项目管理办法》及其后续一系列相关政策，如《国家农业综合开发 2013 年推进现代农业发展的实施意见（试行）》《关于开展农业综合开发 扶持农业优势特色产业规划编制工作的通知》《农业综合开发 扶持农业优势特色产业规划（2016—2018年)》《财政部关于印发〈农业综合开发扶持农业优势特色产业 促进农业产业化发展的指导意见〉的通知》《关于开展农业产业化联合体 支持政策创新试点工作的通知》等，为鼓励农业产业化龙头企业和农民专业合作社发展，中央政府专门设立了国家农业综合开发产业化经营项目，支持发展农业产业化联合体、为构建现代农业产业体系、生产体系、经营体系，引导小农户和现代农业发展有机结合提供了有力的财政支持和制度依据。

2015 年，农业部根据国家农业综合开发有关政策规定，就申报农业综合开发产业化贷款贴息项目发出公告，对列入各省、自治区、直辖市等农业综合开发机构贷款贴息项目计划的各类经营主体，在 2015 年 1 月 1 日至 2016年 3 月 31 日期间实际发生并已经支付的银行贷款利息，参照农业综合开发产业化经营项目中央财政资金指标安排，由中央财政和省级财政负责承担贷款贴息资金，并在 2016 年中央财政农业综合开发资金中列支。

此外，国务院办公厅出台了《关于推进农村一二三产业融合发展的指导意见》《关于支持返乡下乡人员创业创新促进农村一二三产业融合发展的意见》《关于进一步促进农产品加工业发展的意见》，同时会同国家发展和改革委员会等 13 部门印发了《关于大力发展休闲农业的指导意见》（以下简称《意见》），编制了《"十三五"全国农产品加工业与农村一二三产业融合发展规划》（以下简称《规划》），这四个《意见》和一个《规划》进一步完善了我国促进农村一二三产业融合发展的政策体系。

除了上述措施之外，国家还专门设立了我国唯一的一家农业政策性银行——中国农业发展银行（以下简称"农发行"），由国务院直接领导。2018年，农发行聚焦农村地区交通出行、公共服务均等化等问题，围绕农业基础设施重点领域和薄弱环节，全力推进基础设施扶贫信贷工作，持续加大农村地区公共产品供给，全年发放农业基础设施贷款 8 590.5 亿元，其中，农村交通设施贷款 1 049.8 亿元，水利建设贷款 788.5 亿元，重点支持农田水利建设、农村饮水安全、病险水库除险加固等。①

三、我国对农业基础设施建设和产业开发支持的具体措施

根据国家统计局网站公布的《1988—2016 年全国农业综合开发项目效益表》，截至 2016 年底，全国农业生产条件大面积改善，其中新增和改善灌溉面积 64 541.52 万亩，新增和改善除涝面积 28 135.4 万亩，增加林网防护面积 37 940.08 万亩，新增农机总动力 22 239 870.25 千瓦。新增主要农产品生产能力方面，粮食新增 11 432 296.15 万公斤，棉花 205 254.01 万公斤，油料 551 464.89 万公斤。全国排灌动力机械 1 431 万台，能够正常使用的机电井 659 万眼，排灌站 42 万个，能够使用的灌溉用水塘和水库 349 万个。

2017 年 2 月，为进一步解决我国农村基础设施长期欠账、农村基础设施资金投入效率不高的问题，加快我国农村基础设施建设和发展，国家发布了《国务院办公厅关于创新农村基础设施投融资体制机制的指导意见》，部署建立财政、金融、社会资本和农户等多方共同参与的农村基础设施多元化投融资格局。当前我国农村基础设施建设与管理存在的主要问题是：因为涉及农业、林业、水利等不同部门，相关标准管理制度与执行性零散，且衔接性不强，难以形成体系，因此，全面系统、清晰有序、动态兼容的农村基础设施建设运营和维护标准体系尚未建立，影响了农业生产效率的提高以及资源的集约利用。

（一）农田水利设施方面

1. 法规依据

农田水利设施的支持投入方面，除了《中华人民共和国水法》《中华人民共和国水污染防治法》《中华人民共和国防洪法》《中华人民共和国水土保持法》以及《中华人民共和国农田水利条例》等法律法规都作出了明确规定。

《中华人民共和国水法》第五条规定，县级以上人民政府应当加强水利基础设施，并将其纳入本级国民经济和社会发展计划。第三十五条规定，从

---

① 朱隽：《农发行支持农村基础设施建设》，载于《人民日报》，2018 年 2 月 3 日。

事工程建设，占用农田灌溉资源、灌排工程设施，或者对原有灌溉用水、供水水源有不利影响的，建设单位应当采取相应的补救措施；造成损失的，依法给予补偿。

《中华人民共和国水污染防治法》第五十八条规定农田灌溉用水应当符合相应的水质标准，防止污染土壤、地下水和农产品。禁止向农田灌溉渠道排放工业废水或者医疗污水。向农田灌溉渠道排放城镇污水以及未综合利用的畜禽养殖废水、农产品加工废水的，应当保证其下游最近的灌溉取水点的水质和农田灌溉水质标准。

《中华人民共和国防洪法》第五十一条规定，由国家设立水利建设基金，用于防洪工程和水利工程的维护和建设。具体办法由国务院规定。

《中华人民共和国农田水利条例》第一条规定，为了加快农田水利发展，提高农业综合生产能力，保障国家粮食安全，制定本条例。第二条规定，农田水利规划的编制实施、农田水利工程建设和运行维护、农田灌溉和排水等活动，适用本条例。本条例所称农田水利，是指为防治农田旱、涝、渍和盐碱灾害，改善农业生产条件，采取的灌溉、排水等工程措施和其他相关措施。第三条规定，发展农田水利，坚持政府主导、科学规划、因地制宜、节水高效、建管并重的原则。县级以上人民政府应当加强对农田水利工作的组织领导，采取措施保障农田水利发展。第四条规定，国务院水利行政主管部门负责全国农田水利的管理和监督工作。国务院有关部门按照职责分工做好农田水利相关工作。

此外，《中共中央国务院关于进一步加强农村工作 提高农业综合生产能力若干政策的意见》《关于加快推进农业科技创新 持续增强农产品供给保障能力的若干意见》《中央财政小型农田水利设施建设和国家水土保持重点建设工程补助专项资金管理办法》《财政部关于进一步推进支农资金整合工作的指导意见》《2011 年中央财政小型农田水利设施建设补助专项资金项目立项指南》《中央财政小型农田水利工程设施建设"民办公助"专项资金管理试点办法》等行政法规和规章，都对农田水利基础设施的支持和建设作出了规定。

2013 年国务院批准了《国家农业综合开发高标准农田建设规划（2011—2020 年）》，明确了要通过实施该项规划，到 2020 年改造中低产田、建设高标准农田 4 亿亩的目标。各级政府要在确保农业综合开发财政资金投入的基础上，加快推进高标准农田建设进度。这些规范从不同的层面对农田水利基础设施建设提供了制度保障和依据。

2. 现状

1958～1960 年"大跃进"时期，全国各地兴起了大搞农田水利基本建设的高潮，取得了令人瞩目的成绩。20 世纪 70 年代"农业学大寨"时，全国更是出现了千军万马大搞农田水利基本建设的局面，80 年代政府对农田水利的投入减少，农田水利出现了 10 年徘徊，直至 90 年代国家组织农民出"劳动积累工"兴修农田水利，我国的农田水利建设一直是由各级政府直接动员、组织农民投劳集资，大中型灌区骨干工程一直是由政府组织实施。进入 21 世纪，国家对农业农村基本农田水利的投入加大。政府继续加快发展节水灌溉，加强对大型灌区续建配套和节水改造工程的投资力度。

2003 年，我国加大了对农村水利的投入力度，全年共安排 48 亿元国债资金用于农村饮水解困、226 个大型灌区续建配套与节水改造、200 个节水增效灌溉示范项目和牧区试点项目建设，安排农业综合开发资金 1.35 亿元用于 22 个省区中型灌区骨干工程节水改造，并安排财政资金 1.5 亿元用于农村小型水利公益设施建设和节水灌溉贷款贴息（乔延清，2006；董志凯，2008）。2017 年中央一号文件《中共中央国务院关于深入推进农业供给侧结构性改革加快培育农业农村发展新动能的若干意见》明确，要大规模实施农业节水工程，把农业节水作为方向性、战略性大事来抓，加快完善国家支持农业节水政策体系。

高标准农田建设方面，根据《国家农业综合开发高标准农田建设规划》，截至 2020 年，我国将改造中低产田、建设高标准农田 4 亿亩，其中通过农业综合开发资金投入完成 3.4 亿亩，通过统筹和整合农业、水利等相关部门财政性资金完成 0.6 亿亩；完成 1 575 处重点中型灌区的节水改造。[①] 2017 年，全国农村水电建设本年完成 2 493 935 万元，农村在建电站规模 7 436 391 千瓦，"十二五"期间，各地土地整治累计投入资金 5 500 多亿元。[②]

（二）城乡交通运输支持方面

此外，2016 年 11 月，交通运输部、国家发展和改革委员会（以下简称"发改委"）等发布的《关于稳步推进城乡交通运输一体化 提升公共服务水平

---

① 《国家农业综合开发高标准农田建设规划》，财政部。
② 中华人民共和国国家发展改革委员会：《全国土地整治规划（2016—2020 年）》。

的指导意见》和交通运输部办公厅《关于开展城乡交通运输一体化建设工程有关事项的通知》都明确,要发挥好中央资金、地方一般公共预算收入的引导和杠杆作用,完善城乡交通基础设施,推进城乡交通运输协调发展,补齐城乡交通运输发展短板,加快交通基础设施建设,引领和支撑城乡经济协调发展,推动城乡交通运输与供销、旅游、电商等资源共享。根据交通运输部网站公布的数据显示,2018 年 10 月,我国全年全国公路水路交通固定资产投资总计完成 190 148 745 万元。其中,2016 年我国农村公路建设完成投资 3 565 亿元,新建改建农村公路大道 29.2 万千米,新增通硬化路的建制村 1.3 万个。[1]

交通运输部《关于"十二五"农村公路建设的指导意见》明确,要完善以政府公共财政投入为主、多渠道筹措为主、社会各界参与的资金筹措机制,中央和地方都要加大财政支持力度,推进全国农村公路建设,更好地服务于农村经济社会发展。

根据国务院《"十三五"现代综合交通运输体制发展规划》,我国交通扶贫建设总投资规模达到 1.8 万亿元,其中中央计划安排的车购税资金 8 400 亿元,统筹推进城乡运输一体化,并推进城乡配送协调发展,并在 2019 年实现所有具备条件的建制村都通硬化路。

(三) 农业生产服务体系方面

农业生产服务,主要包括县、乡农业生产服务中心、服务站等,为农业生产提供的产前、产中、产后系列化服务等。农业生产服务既包括公共服务,也包括社会化服务。中国共产党第十九次全国代表大会报告指出,要健全农业社会化服务体系,实现小农户和现代农业发展有机衔接。此后,农业农村部会同其他部门先后制定了《关于加快发展农业生产性服务业的指导意见》《农业部办公厅关于大力推进农业生产托管的指导意见》《关于认真做好农业部、发改委、财政部关于加快发展农业生产型服务业的指导意见宣传和贯彻工作的通知》《关于支持农业生产社会化服务工作的通知》等文件,推动我国农业生产服务体系加快发展,着力提高农业综合效益和竞争力,推动我国农业生产服务体系加快发展。特别是农业部《新型农业经营主

---

[1] 交通运输部或据此计算 http://www.ndrc.gov.cn/jjxsfx/201811/t20181128_920982.html。

体培育工程规划建设》中提出，要发展农业生产型服务业的重大任务，支持各地开展区域性农业社会化服务综合平台建设，进一步健全农业社会化服务体系。

中国是以小农户生产为主的农业模式，近年来随着互联网的出现，"农业平台商"作为一种依赖互联网形成的共享平台，将农业机械、农业服务人员、农产品使用效率得到整合，形成了农业大平台。这种新的农业服务体系，恰恰也是传统农资企业向农业服务商转型的方向。特别是该种模式出现于中国的电商平台蓬勃发展的阶段，是其他国家所没有的一种特殊性。农业部和财政部在 2017～2018 年中央财政农业生产发展转向中也安排了 70 亿元的资金，用于支持以农业生产托管为主的农业社会化服务工作。据统计，2017年，农业生产性服务业在产中环节开展生产托管的面积达到 2.3 亿亩，占农作物播种面积的 12.2%，服务农户 3 600 多万户。

（四）农业信息服务体系方面

农村互联网、移动终端的普及，以及大数据、互联网等为主的信息技术，将对种植产业链的各环节有所助益。大量农资企业通过"农资 + 服务"的电商形式拥抱农业信息时代，并向服务终端延伸，逐步由"农资 + 服务"，向包括综合农技、金融、物流等服务扩张，通过信息技术对农业产业链进行重构，获取转型服务红利。

我国的农业大数据目前仍处于尝试阶段，农业生产过程的智能化基本处于初期阶段。为充分发挥大数据在农业农村发展中的重要功能和巨大潜能，有力支撑和服务农业现代化，农业部根据《国务院关于印发促进大数据发展行动纲要的通知》出台了《关于推进农业农村大数据发展的实施意见》，为农业产业发展提供了指引。

（五）产业开发方面

在产业开发方面，中央财政除安排资金继续支持种粮农民直接补贴、农资综合补贴、农作物良种补贴以外，还对农业产加销紧密衔接、农村一二三产业深度融合予以支持。2007 年，农业部联合财政部根据《全国优势农产品区域布局规划（2003—2007）》建设了现代农业产业技术体系，50种农产品设立了产业技术体系。中央财政安排一二三产业融合发展试点资金 52 亿元，支持让农民分享一二三产业增值收益和作为经营主体发展一二三产业；为支撑农产品加工地初加工补助安排资金 45 亿元，补助农户和合作社建设初加工设施 12 万余座①；同时，还协调农发行、中国农业银行加大对产业融合主体的信贷支持。此外，中央财政专门还设立了农业综合开发项目补助资金，并列入政府收支分类中的"213 农林水支出"项目，2016 年中央财政农业综合开发支出分配表中列出的中央财政总支出 1 265 856 万元，其中，国土资源部项目合计 1 946 万元，水利部项目 62 030 万元，农业部项目 72 416 万元，国家林业局项目 76 190 万元，中华全国供销合作总社项目 65 250 万元②。

《国务院办公厅关于进一步促进农产品加工业发展的意见》，提出在确保国家粮食安全和农产品质量安全的基础上，以转变发展方式、调整优化结构为主线，以市场需求为导向，以增加农民收入、提高农业综合效益和竞争力为核心，因地制宜、科学规划，发挥优势、突出特色，推动农产品加工业从数量增长向质量提升、要素驱动向创新驱动、分散布局向集群发展转变，完善农产品加工产业和政策扶持体系，促进农产品加工业持续稳定健康发展，为农村产业融合、农业产业化发展提供了制度依据。

2015 年《国务院办公厅关于推进农村一二三产融合发展的指导意见》发布，为农业全产业链全价值链的打造、农村产业融合提供了制度依据。2017 年，农业部举办农村第一二三产业融合发展培训班，培训全国省、市、县三级农产品加工行政管理人员 800 多人。2016 年中央一号文件《中共中央国务院关于落实发展新理念加快农业现代化　实现全面小康目标的若干意见》明确提出完善农业产业链与农民的利益联结机制，推进农业产业链整合和价值链提升。国家有关部委将支持农业产业化龙头企业建设稳定的原料生产基地、为农户提供贷款担保和资助订单农户参加农业保险。深入开展土地经营权入股发展农业产业化经营试点，引导农户自愿以土地经营权等入股龙头企业和农民合作社，采取"保底收益＋按股分红"等方式，让农民以股东身份参与企业经营、分享第二三产业增值收益以及，推进产业提档升级。

2018 年中央一号文件《中共中央国务院关于实施乡村振兴战略的意见》

---

① 中华人民共和国农村农业部新闻办公室：《农村一二三产业融合助力乡村振兴》，2018 年。
② 资料来自 2016 年 6 月财政部下发的《2016 年中央财政农业综合开发支出分配表》。

明确提出，要构建一二三产融合发展体系，大力开发农村多种功能，延长产业链、提升价值链、完善利益链，通过多种形式让农民合理分享全产业链增值收益。实施农产品加工提升行动，支持主产区农产品就地加工转化增值等，对农业产业发展提供了指导。

第五章

农业科学技术及其推广应用的支持政策分析

　　农业科技的进步是现代农业发展的重要推动力量。纵观农业现代化的发展历史可以看到：每一次农业科技的重大突破，都必然推动农业发展进入新的阶段。自19世纪至今的近两个世纪以来，全球农业科技取得了巨大成就，农业科技越来越成为各国农业产业和农业国际竞争力的核心要素。由此，依靠科技进步促进农业发展成为一条具有普遍意义的历史经验。比如，根据美国国家科学基金会公布的《2017财年美国联邦研发经费统计报告》，美国联邦政府2017财年的研究与试验发展（R&D）经费投入为1 183亿美元，其中，农业部研究经费预算21.56亿美元，农业科技在其农业增长中的贡献份额达到70%~80%。相比较而言，根据我国国家统计局《2017年科技经费投入统计公报》公布的数据，我国2017年投入的研究与试验发展（R&D）经费为17 606.1亿元，仅占美国研发经费投入总量的60%。这是值得我国在农业支持政策研究中加以注意的现象。

第一节　农业科学技术及其推广应用概述

一、农业科学技术及农业科学技术推广的概念

（一）农业科学技术

我国2013年颁布的《农业技术推广法》对农业技术的概念做出了界定，

即：该法所称的农业技术，是指应用于种植业、林业、畜牧业、渔业的科研成果和实用技术。国务院农业、林业、水利等部门按照各自的职责，负责全国范围内有关的农业技术推广工作。对于农业技术的定义，学者有不同的见解。

赵立秋（2011）在其博士毕业论文《中国农业现代化发展的技术支撑体系构建研究》中指出，"对于农业技术的定义虽然具有一定的权威性，然而，该定义是以农业技术推广的立场来界定的，因此，所提到的农业技术主要是物化技术。其实，从全社会来看，农业技术还应该包含非物化技术，这其中涉及以知识形态存在的技术手段和方案，以及为获取相关的农业技术成果而取得的技术知识等，同时，农业技术的含义还应该表明农业技术的来源"。赵立秋认为的农业技术，是指农业技术工作者以及农业生产者通过调查、分析、试验、研究和农业生产实践等劳动取得的，能运用于农业生产、经营、管理活动的技术，它是农业经济发展和农业科技进步的重要手段。

陈宇（2014）在《农业科技的金融支持研究》中指出，农业科技的覆盖面很广，现在一般指和农产品产出有关的科学技术的总称，有的时候也用来指一些容易操作的农产品加工技术。现代农业科技不仅仅包含了农业机械化，还包含了农业生物技术的广泛应用、高产作物的广泛栽培、无公害食品的研发技术，以及农业新材料的广泛运用等，这些领域和方面无一不拓展了农业科技的领域及发展方向。

还有学者认为，农业科技主要就是用于农业生产方面的科学技术以及专门针对农村以及城市生活方面和一些简单的农产品加工技术，包括种植、养殖、化肥农药的用法、各种生产资料的鉴别以及高效农业生产模式等几方面。

通过对上述概念界定的分析和总结，笔者认为，农业科学技术就是专门适用于农业生产方面的科学技术，是揭示农业生产领域发展规律的知识体系及其在生产中应用成果的总称。农业科学技术发端于农业生产，同时，它又反过来影响和推动农业生产的发展。农业科学技术具有区域性、周期长、综合性强，以及保密性差等特点。

（二）农业科学技术推广

《农业技术推广法》规定，农业科技推广是指通过试验、示范、培训、指导以及咨询服务等，把农业技术普及应用于农业产前、产中、产后全过程的活动。国家扶持农业技术推广试验，加快农业技术的普及应用，发展高产、优质、高效、生态、安全农业。除了该法明确界定的农业科技推广的概念以外，学者同样对于农业科技推广的概念持有不同的观点。

黄天柱（2007）在《我国农业科技推广体系创新研究》中指出，农业推广有狭义、广义农业科技推广和现代农业科技推广之分。首先，狭义农业科技推广以"技术指导"为主要特征，是指当一个国家处于传统农业发展阶段，农业商品生产不发达，农业技术水平将作为制约其农业生产的主要因素情况下的产物。在该种情况下，农业科技推广的首要问题就是技术问题。因此，技术指导是农业科技推广的核心要素。其次，广义农业科技推广以"教育"和"咨询"为主要特征，是一个国家由传统农业向现代农业过渡时期的产物，此时，该国农业商品生产比较发达，农业技术已经不是农业生产的主要限制因素。在此种情况下，农业科技推广所要解决的问题除了技术以外，还有许多非技术问题，此时的"农业科技推广"将以"教育"为主要手段。最后，现代农业科技推广是在一个国家实现农业现代化后，农业商品生产高度发达，此时的非技术因素（如市场供求等）成为限制农业生产和经营的主要因素，而技术因素则退于次要地位。在这种情况下，就会催生能够提供满足农民需要的各种信息和以咨询为主要手段的"现代农业科技推广"。

谷祥云（2008）在《我国农业科学技术推广运行机制研究》中提到，农业推广可以分为狭义的农业推广和广义的农业推广两种类型。狭义的农业推广是指把主要以种植业的产中服务为内容的科学技术介绍给农民，使农民通过获得新技术并在生产上采用来增加产量和收入。这是一种单纯以改良农业生产技术为手段，以提高农业生产水平为目标的农业推广。策略上主要是自上而下的行政指令性推广。狭义的农业推广作为农业推广的初级阶段，主要是在经济不发达国家和地区使用，并且更多地为传统农业服务。广义的农业推广，除了要推广农业科学技术以外，它还包括教育农民、组织农民、培养农民及改善农民实际生活质量等方面，它是以农村社会为范围，以农民为对象，以农场及农户为中心，以农民实际需要为内容，以改善农民生活质量为最终目标的农村社会教育。它不仅要使农民获得实用的知识和技能，同时还特别强调要提高农民的素质和团体发展的能力，改善农民生活，提高农民收入水平，促进农村经济社会的发展。目前世界上许多国家和地区的农业推广都是指广义的农业推广。

联合国粮食及农业组织出版的《农业技术推广》（1984年第二版）中写道，"推广工作是一个把有用信息传递给人们，然后帮助这些人获得必要的知识、技能和正确的观点，以便有效地利用这些信息或技术的一种过程"。

综合上述有关农业科技推广的表述，笔者赞同《农业技术推广法》对农业科技推广的界定，即农业科技推广，就是政府及相关组织和个人，通过试验、示范、培训、指导以及咨询服务等，把农业技术普及应用于农业产前、产中、产后全过程的活动。

二、农业科学技术及其推广的作用

第一，科技进步始终是推动农业农村持续、健康发展的重要因素。农业科学技术能够促进自然资源的高效率利用，推动农业农村结构的优化调整，提高劳动者技能。

第二，农业科技推广是联结农业科技研发机构和目标团体的纽带，是科研成果由知识形态向物质形态的转化过程。农业科技推广是促进两种形态的农业科学技术相互依存、相互作用，并有机协调的作用于整个农业生产系统，推动农业科研成果转化为现实的生产力。同时，农业科技推广也是检验科研成果好坏标准的尺度。

第三，农业科技研发及推广是科研成果的再创新。科研成果是在特定的生产条件和技术条件下产生，并在一定的地域和时空范围内使用的，特别是由于农业生产条件的复杂性、地域的经济状况、文化、技术水平的差异性等，这些都对科研成果的应用推广具有较强的选择性。因此，农业科研成果的推广过程中，推广者要对原有成果进行组装配套，以适应当地生产条件和农民的接受能力。

第四，农业科技推广是完善推广组织、提高管理效率的有用工具。无论是政府还是民间的推广组织，都能在培养新型农民，保护农民利益，发展农村社区等方面发挥积极的促进作用，有助于更加高效地实现农业科学技术推广目标。

除此之外，农业科学技术研发及推广在发展农村教育、农业科技以及提升农业生产力等方面，都发挥着十分重要的作用。

第二节   美国对农业科学技术及其推广应用的支持

　　农业发展质量的高低受多种因素的影响，特别是受到农业科学技术创新水平、成果转化效率和推广应用情况等多元因素的影响。这其中，农业技术创新和技术推广体系的完善程度，直接影响着农业各方面发展效率的提升。美国之所以能够在原始、广袤的北美大陆上建立发达的农业，并发展为一个农业大国，与它一直奉行科教兴农的策略、长期重视农业科技推广，并创设独具自身特色的农业科技体制有很大的关系。美国仅拥有全球 7% 的耕地，但粮食产量却占全球总产量的 1/5，是当今世界农业现代化程度最高、农产品出口量最多的国家。仅就粮食作物的生产来看，美国在先进科技以及高度机械化生产的驱动下，玉米产量一直稳居世界第一，并且以绝对的优势领先世界上产量第二的国家。其中，2017 年美国的玉米生产总量达到 3.64 亿吨，而同时期作为世界第二大玉米生产国的中国，玉米总产量仅为 2.15 亿吨，也就是说，中国以年产 1.5 亿吨的差距落后于世界第一玉米生产国——美国。就平均亩产来看，美国 2017 年平均亩产 1 500 斤左右，而我国玉米的平均亩产只有 800 多斤。除此之外，从玉米深加工产业的角度来看，我国只能将玉米加工出 300 多种产品，而美国可以做到加工出 3 000 多种以上的产品。美国农业发展的实践，充分证明了科学技术的创造及其推广应用对现代农业发展的核心作用。

　　美国对农业科学技术及其推广应用的支持，最早可以追溯到 19 世纪初。独立战争的胜利，使美国摆脱了英国的殖民统治而走上了独立发展资本主义的道路。西进运动的兴起，使得美国的农业耕种面积不断扩大，但当时相对落后的农业生产状况，以及严重短缺的农业劳动力状况，使得美国迫切需要新的农业机械来协助农业生产，并提高从事农业生产农民的科学技术水平。在这样的背景下，美国政府采取了一系列的措施来提高农业科学技术及其推广应用水平。实践中，美国通过完善的立法保障，建立了以政府为主体，包括企业、农民在内的多元参与的农业科技推广体系和农业教育、科研、推广三位一体的科技体制。农业科技进步对农业产业的发展及整个国民经济产生了积极的影响。

截至目前，美国在农业科技推广应用方面，已经建立了包括政府部门、企业、农业合作社等组织机构在内的网络服务系统。特别是经过一百多年的发展和改革，美国政府已经由最初的高校赠地运动，发展为建立了包括农业科学研究、农业教育、农业推广为一体的农业科技支持系统来推动农业产业的社会化服务，以此来实现农业科技推广机构与科研教育机构的统一。产学研结合的研发模式激发了美国农业的创新动力，无论是公立还是私立科技研发机构，纷纷根据自身优势和特点在基础研究、应用开发等不同领域发挥巨大作用。特别是随着知识产权管理力度的增强、市场体系的日趋完善，美国的农业科技领域逐渐形成了良好的"生态平衡"。"政府—大学—企业"联盟的研发体系通过研发机构与公司间的联合研发、专利授权或转让等方式有机结合，极大程度地缩短了从基础研究、成果转化到产品上市的周期，也减少了研发成本的投入。美国农业体系中发展起来的这一明确分工互作机制，不仅高效地促进了科研成果的转化，激发了农民的创新创造动力，更是全方位解决了世界农业市场需求。据统计，美国的农业科技成果推广率达到85%，农业科技对农业增长的贡献率达到80%（崔春晓，2012）。

一、美国有关农业科技及其推广应用的立法

美国是以判例法为主的国家，但在农业科技创新和推广应用方面，却十分重视以成文法的形式来推动农业科技创新体系建设，并制定了一系列完善的法律制度。联邦政府先后通过了数部涵盖农业教学、成果转化和技术推广等领域的法案，为农业科学技术创新、成果推广应用提供了法规依据和保护机制，这其中最为典型的就是涵盖整个农业发展阶段和链条的美国《农业法案》。除了1938年《农业调整法》和1949年《农业法》是长期有效的以外，该法案以五年为有效期，到期后即失效，美国政府通过这样的安排，来维持政府支持农业政策的稳定性。目前依然有效的2014年《农业法案》，就是在1999年农业法案的基础上进一步强化了对农业基础性、关键性技术的研发投入，特别是在资助领域方面，新的农业法案不仅支持农业本身的科学研究，也支持环境等因素变化对农业的影响以及农业的应对机制等宏观问题研究。美国政府出台的历次农业法案，都是结合美国农业当时的经济社会条件而制定的，法案中相对完整的规则体系对于美国农业支持政策的顺利实施发挥着

至关重要的作用。由于美国相对完整的科技研发和推广体制的建立，农业法案在切实提高农民收入、增加农业产量并推动农业生产力的提高方面，发挥着非常重要的作用，其规则的执行效力也体现在每一个农业科技支持项目的申请、审核、执行组织、执行标准等内容上。

除此之外，在美国农业一百多年的发展历程中，美国政府围绕农业科技创新和农业科学技术推广应用这两个主题，出台了若干具有影响力和实效性的法律，加大对农业科学技术及其推广应用的支持，推动农业产业的发展和壮大。这其中比较有影响力的法律包括《莫里尔法案》《拜杜法案》《海奇法案》《史密斯—利弗法案》等。

(一)《莫里尔法案》(*Morrill Act*)

为了促进农学教育和农业发展，1862 年林肯总统签署了《莫里尔法案》，要求联邦政府依照各州国会议员人数，以每一议员拨给 3 万英亩土地的标准，向每个州赠予公共土地，各州可以将联邦政府赠予的土地出售，并以租售这些土地所取得的收入建立永久基金，在本州内资助和维持至少一所与教授农业和机械工艺有关的学院。"赠地"大学 (land-grant universities) 由此诞生，并开启了美国政府建立和完善农业科技教育的工作。有的州设立了新型农业高校——"农业和机械学院"(agricultural and technical college)，有的州则是加强建设已有州立大学的农学院，这些学校后来通称"赠地"学院 (land—grant college)。

"赠地"学院一般为四年制，开设的专业课程包括农业、动物学、农产品加工学、农村建筑学和农村经济学等（但也不排斥其他普通学科），并鼓励学生利用寒暑假进行生产实习。一些学校还开设了农业管理科学系，实行农业专业技术教育和农业管理教育并重的双学位制，培养既能从事决策，应付国内外市场变化，又能协调内部产供销和人财物的复合型人才。这些赠地院校大胆而务实地创新，不仅使农业工艺学正式进入高等学术殿堂，而且重视为乡村现代化服务，使大学切实向广大农业生产者开放。在政府的大力支持下，"赠地"院校迅速发展。莫里尔法令颁布之初，美国政府就已完成赠地 1 300 万英亩（安杰，2010）；至 19 世纪末，政府共拨教育用地约 1.5 亿英亩，相当于法国、瑞士、比利时三国领土面积之和。尤其是 1890 年国会通过第二个莫里尔法案，明确政府每年为每所赠地院校提供 1.5 万美元办学经费，以后逐年增加，这使得联邦对赠地院校的年度拨款制度化，并持续至今。

截至 2012 年，美国共有 112 所具有"赠地身份"的院校，其中 1862 年成立 57 所，1890 年成立 19 所，1994 年成立 36 所（刘晓光，2012）。"赠地"大学逐渐发展为各州的州立大学，而且在学科设置方面，继续保留了农业学科并在此基础上不断发展，并逐渐成为各州农业科研体系的主要力量，为本地农业和农村地区的发展奠定了坚实的智力和人力基础，从制度上保障了农业稳定持续发展。

（二）拜杜法案（*Bayh Dole Act*）

1980 年，美国国会通过了《拜杜法案》，后来经修改后被纳入《专利法》。该法案规定，研究机构利用联邦政府资助获得的科研成果，其知识产权的所有权主体在一定条件下可以是研发人所在的科研机构。该方案还鼓励研究机构申请专利，与企业合作共同促进研究成果的转化，特别是鼓励和支持研究机构向小型企业提供专利等。该法案为专利保护和成果转化搭建了实质性的运作平台和机制，为科研人员的研究工作和技术成果提供了有力的支持，特别是它通过采取激励和约束机制，在研发机构和技术使用者之间合理划分收益来持续的激励科技研发和创新。该法案改进了公立机构成果转化制度，实现了美国科技成果转化率的飞速提升。

（三）《海奇法案》（*Hatch Act*）

美国政府通过在"赠地"院校农学院设立农业试验站的方式，鼓励农业科技创新与研发，并逐渐将其发展为农业科技应用研究、成果开发与传播的重要阵地。1875 年，作为"赠地"院校的威斯康星大学率先在美国建立了农业试验站，并在全州范围内推广先进的农业生产技术。后来，其他州也相继建立了农业试验站，在推广农业生产技术方面的成果卓著。1887 年美国通过了《海奇法案》（又称为《农业试验站法》）。该法案规定，每个州或属地都要在"赠地"院校的农学院领导下成立一个农业试验站，向农民示范和推广该站的研究成果，及时有效地获取和传播有价值的农业情报，并把它传授到民众中去；联邦政府为农业试验站提供进行农业科学试验的财政基金，来推动和促进农业科学研究的发展。值得注意的是，这类研究项目都是以与本州农业生产有关的应用研究为主，并与本州的经济社会发展情况相吻合。到

1887 年美国已有 14 个州建立了农业试验站，并在此基础上成立了"农学院与试验站协会"。到 1893 年，美国所有的州都在"赠地"院校建立了农业试验站。1925 年美国国会通过"珀内尔法"，增加对州农业试验站的拨款，1935 年又通过"班克黑德—琼斯法"，规定建立地区实验室并提供研究经费，以促进州与州之间的研究协作。

农业试验站的建立具有重大意义。一方面，它使美国的科技兴农政策有了坚实的基础，密切了教学和科研的关系。自此之后，教授们在课堂教学环节不仅讲授农业科学理论知识，而且也开始关注和研究农业生产中的实际问题。另一方面，海奇法案设立农业试验站，标志着美国农业科技推广制度初步形成，即由农业部、各州赠地院校农学院和农业试验站分工协作、共同承担农业科学研究和推广任务，从而使美国的农业教育和科学研究工作进一步结合起来，实质性地推动大学在农业、畜牧业等方面的各种试验基地、实验室、试验田迅速发展，专注于培养理论与实践相结合的实用型农业科技人才。与此同时，一系列农业科技应用成果的大量涌现，也促进了农牧业科学和与其相关的学科相继诞生和蓬勃发展。"赠地"大学及其后相关措施的采取，奠定了美国农业科技创新和推广应用体系的基础。

（四）《史密斯—利弗法案》（Smith—Lever Act）

美国国会在 1914 年通过了以促进农业生产技术推广、及时把农业科研成果转化为生产力为主要内容的《史密斯—利弗法案》。该法案明确规定：联邦农业部设立专门的"农业科技推广工作办公室"，对农业科技的推广进行宏观指导；接受联邦赠地法案资助的院校，要设立有专人负责的科技推广部门，并设立农业推广站；每州由官员和专家组成专门机构，若提交令人满意的推广计划，则可得到联邦一万美元的定额资助和按农业人口数量支付的人头费；"赠地"学院在所在州的每一个县设立基层分支机构——推广服务代办处，就本县的有关项目，向"赠地"学院和联邦农业部负责。具体项目的运作，则由"赠地"学院推选，联邦农业部认可，州推广服务主任执行，县政府聘请由"赠地"学院和农业部任命的农技指导员和有关人员，在"赠地"学院专家的指导下，组织和帮助农民科学种田，把握商业机会。由此，在美国的农业科技推广服务中，政府与赠地院校建立了密切的合作机制，赠地院校处于中心地位。农业科技推广服务的各个环节，从科学研究、应用开发、信息传播、项目审定到基层的技术服务和实践指导,"赠地"院校都发挥重要作用。

上述法律的颁布,有效地推动了美国农业科技创新体系的建设,为不同时期美国农业技术的发展提供了法制保障。依据上述法律的规定,美国50个州都先后创办了"赠地"大学(即州立大学),并在"赠地"大学农学院的领导下设立了农业试验站和农业合作推广站。遍布全国的"赠地"大学农学院既担负农业教育工作,也担负科研、推广工作,并逐渐形成了以州立大学为依托,教育、科研、推广之间相互联系、相互配合、相互渗透的三位一体的教育—科研—推广体制(余学军,2012)。

二、美国负责农业科研及科技推广的部门和机构

(一)农业科研机构

1. 高校

在农业科技研发方面,美国最具代表性的特点就是以大学(农学院)为中心的,"教育—科研—推广"三位一体的模式。百余所"赠地学院"在农业科技的基础研究方面占有极其重要的地位,不仅培养出了大量农业技术人才,而且还产出了众多高质量的科研成果。比如,美国密苏里大学,其研究经费主要来源于农业部的哈奇经费、州配套资金,以及约15%的企业资助等。该学校农业相关学科主要设在农业、食品与自然学院,并在州内建设了若干个农用实验基地。同时,学校设立专利转化中心,鼓励科研成果转化和农业生产及与流通有关的专利转让。在这种模式中,政府有效地将农技事业中的技术部门转移给学校,而其自身则专心从政策和宏观角度把握国家的农业科技发展方向,做到了专业的事情交给专业的人去完成,大家各司其职,显著提高了农业各方面的效率和收益。

1843年,阿姆赫特学院开始教授农业方面的课程。1854年,该学院在奥林开展了一系列的农业科学技术普及和推广方面的讲座。20世纪50年代以后,很多学院纷纷开设农业方面的课程,并设立一批专门的农学院,尤其在1858~1859年期间,密歇根农学院、费城农业大学、马里兰农学院、纽约州立农学院等相继成立,极大地推动了美国农业科学技术的研发和创新(邵小通,2013)。

2. 农业协会

1852 年，美国农业协会成立。该协会主要从事农业机械的调查、出版定期刊物、举行有关的农业会议及举办农业展览会等。协会不仅在促进农业科学技术交流方面发挥作用，而且积极推动政府在农业方面采取切实有效的措施。农业协会、农业展览会、农业报刊和著作等，构成了有影响的农业知识教育力量，对农业发展起到了积极的促进作用。

3. 农业部、实验室和研究所

1862 年，联邦政府建立了农业部，并下设多个研究机构。这些研究机构也在不同的领域开展多种农业科技研发工作。比如，农业部的农业研究局是从事农业基础科学、解决农业生产问题的核心部门，它的研究领域主要包括营养和食品安全、动物生产和保护、农作物生产和保护以及农业可持续发展等，资金主要是来源于国会每年的财政预算。目前，该研究局在全国共设立90 多个研究点，在册科学家 2 000 余人，与大学和企业有较为密切的合作。除此之外，美国农业部还在各州设立野外实验站和研究所，对农业科技实现了贴近农业生产现场的实时反馈。在农业部的示范下，各州政府在 19 世纪70 年代至 90 年代陆续建立了自己的农业管理部门，落实政府的农业管理和科技信息，实质性的推动农业产业的发展和农民收入的提高。联邦、州和地方政府设立的农业部门为美国农业科学技术的研发和落实提供了体制上的保障。

4. 私营的农业科研机构

美国有很多专门从事农业科技研发和推广的大型跨国公司、非营利性组织等，他们是农业科技创新的主力军，且在研发方面的投入巨大。以需求和利润为导向的跨国公司农业创新研究和产品开发是一种市场化行为。他们在开展应用性研究的同时，重点完成农业科技成果的商品化和产业化过程。企业紧跟科技发展大方向，将科技创新的重点逐渐向农业大数据、可持续发展等方面转移。

此外，还有一些非营利性研究机构，他们的研发活动并不是以盈利为主要目的。他们通过与大学、企业之间维持良好稳定的合作关系，从而获得法规策略、产品研发和市场分析等方面的技术支撑。其经费主要来自竞争性研究补助、企业和基金会捐赠。

（二）农业科技推广机构

1. 官方的农业科技推广机构

美国的农业科技推广体制是由联邦层面的农技推广局、州层面的农技推广站、县层面的农技推广办公室（县推广站）三个层次构成。这三个层面相互协调、密切配合，共同致力于美国农业科技的推广应用和农业整体实力的提升。

联邦层面的农技推广普及机构主要是联邦农业部。它是农业推广的管理机构，负责制定和执行涉及农业科学技术推广和应用的相关法律法规以及方针政策，行使日常监管职能，并在美国农业科技推广体制中处于最高地位。联邦农业部设置农业推广局，负责管理、协调全国农业推广工作，主要任务是确保在全国范围内建立一个有效的农业推广体系，并以先进的知识、良好的教育和实际的项目来满足农民的需要，从而实现联邦政府的利益和政策。与此同时，美国还有一些专业的机构来具体承担农技推广工作，如美国全国粮食和农业研究所（NIFA）、农业研究局、经济研究局、全国农业统计局等，这些部门相互协调和配合，共同致力于美国农业科技推广工作，落实国家相关产业和科技政策。此外，美国官方还开设了 Extension 网站（www. extension. org）为农业生产者提供及时便捷的农业技术在线咨询服务。

通过对美国的农业科技推广机制进行分析和研究可以发现，以"赠地学院"为主，包括州政府、企业和非营利性组织共同参与形成的科技推广系统，是美国农业科技推广体制的核心部分。除此之外，分布在各县的 3 000 多个农业技术推广办公室则是美国农业科技推广机制中的主体机构，在整个推广机制中居于主体地位。县推广站是州推广站的派出机构，推广人员由州推广站聘用，其中绝大多数具有硕士以上学位（江平，2000）。推广人员的大部分时间是访问农场、农户，诊断农场经营中存在的问题，帮助农民寻找解决办法，向农民提供信息、咨询服务，解决有关农业科技推广方面的问题。这三个层面的部门，既相互独立、各负其责，又紧密联系、保持合作，构成了一个多层次、复合型的农业科技推广机制，为美国的 200 多万个农场和与农业相关的产业提供农业科学技术方面的指导和服务。

2. 以农业院校和研究机构为主的"三位一体"农业科技推广机构

在农业科技推广方面，美国最典型的特点就是以大学（农学院）为中心开展农业科技推广，即"教育—科研—推广"三位一体的模式。百余所"赠地学院"在农业科技的基础研究方面占有极其重要的地位，造就了大量农业技术人才和高质量科研成果。美国各州都设有州立大学，在州立大学农学院下设立农业推广站，站长由农学院院长兼任。农学院既负责农业教育、科研，又负责全州的农业技术推广工作。通过这样一种设置，美国的农业教育、科研和推广三者紧密联系在一起，这是美国农业推广的一个显著特点。美国农业科技推广人员由农学院各系、各学科教授组成，教授们根据各自的专业特长参与到相关的项目组，具体负责制订推广计划、设计推广方案并实施推广项目。比如，美国密苏里大学的农业相关学科主要设在农业、食品与自然学院，并在州内建设数个农用实验基地。

同时，学校设立了专门的专利转化中心，鼓励成果转化和专利转让。在专利成果的知识产权归属方面，专利所有权归大学，但研发人员和所在学院各占 25% 的转让收益，这就为研究成果的应用提供了有力的转化平台和有效的激励机制。在这种模式中，政府将科技研发和推广的工作转移给了农技事业中的技术部门，而自己则专注于从政策和宏观上把握国家的农业科技发展方向。这种模式的最大优点是能够及时将农业科技转化为农业生产力。1843年，阿姆赫特学院开始教授农业方面的课程。1854 年，在奥林开展了一系列的农业科学讲座。19 世纪 50 年代以后，很多学院纷纷开设农业方面的课程，而且在这一时期还成立了一批专门的农学院，尤其在 1858~1859 年期间，密歇根农学院、费城农业大学、马里兰农学院、纽约州立农学院等相继成立。

美国在农业科研和技术推广方面采用的是教学研究与推广高度结合的方式，这种方式稳定、高效、多元，有利于科研成果及时、有效地向生产力转化，提高了农业科技创新的效率和效益。大学里用教学资源和试验站负责州内具体推广工作的开展，在培养人才、制定方案和优化方式等方面都具备更强的实操性和有效性。特别是通过整合多方面资源优势，美国的农业科学技术推广范围更广、针对性更强，并且涵盖了产前、产中和产后全流程。

三、美国政府财政对农业科技研发及推广的支持

美国农业部依据美国《2008 食品、保护与能源法案》，于 2009 年 10 月成立了国家食品与农业研究所（The National Institute of Food and Agriculture, NIFA），是美国农业部小微企业创新研究计划（small business innovative research，SBIR）项目的主管部门。NIFA 致力提高农业研究、教育和技术推广能力，解决农业中存在的富有挑战性的问题，但它不直接进行研究，其主要职责是对申请财政资金的机构进行资质审查，并组建评审专家组对项目进行可行性、商业化潜力等全面审核。自成立以来，该部门资助了数千个小微企业研究和发展项目，主要聚焦在农业、农村医疗和环保项目上。NIFA 审核通过的项目由美国财政部直接拨付资金，并由 NIFA 开展对项目进度、资金使用的后续监督工作。

美国的农业科研投入是一个多元化的投入体系。在政府财政资金投入方面，美国为保证充足的农业科研和农技推广经费来源，通过立法建立了联邦、州和郡县三级财政投入机制。依照美国农业立法的规定，农业科研、推广的经费随国民经济增长的比例增加预算，州县政府严格按照立法规定，每年通过财政预算来保证农业科研、推广经费的落实。美国联邦政府规定，各州按照 1:4 的比例配套经费，而郡县政府通过财政预算保证农业科研、推广经费的落实；同时鼓励私营企业、农业公司和农场主的自愿资助。

美国农业部对农业科研项目的资金扶持力度非常大，资金投入年均增长超过 8%。美国农业部系统的研究经费，主要来源于按各种法令和条例拨给农业部的联邦预算，其中大部分分配给 8 个农业科研中心。各州试验站的经费来源是多方面的：一是联邦拨款，约占 30%；二是本州的预算，约占 51%；三是私人企业赠款，约占 19%。农业科研中心的科研项目经费主要来自联邦预算。农业试验站承担的联邦与州合作推广项目，其经费 29% 来自联邦政府，47% 来自州政府，24% 来自县政府和私人赞助（魏勤芳，2005）。近年来，美国经济持续增长，政府对科技的投入也以 7.3% 的速度递增。

美国的农业合作推广虽然以高校为中心，但其经费主要由联邦、州、县等各级政府提供。据 1960 年版《美国成人教育手册》，全美 1958~1959 财政年度中，合作推广服务 14 亿美元经费中，联邦拨款占 44%，州拨资金占 34%，县拨经费占 21%，非公共出资仅占 1%。至 1976 年，美国农业部统计的本年度合作推广服务（50 亿美元经费）中，这些比例相应为 39%、41%、18% 和 2%。各级政府的支持在项目的启动阶段最为关键（孟雅君，2004）。1996 年政府用于农技推广的财政经费支出为 20 亿美元，近年来已经达到 30 亿美元（宋秀琚，2006）。2015 年美国在农业科研和推广服务项目上的资金投入超过了 50 亿美元（李敏，2017）。此外，美国联邦和州政府每年都划拨大量资金给公立大学，用于农业科研和推广。

通过这些财政项目支持，美国建立了一套包括对财政项目的专业审核管理机构、专业研究推广机构和多种特色资助计划的支持体系。

第三节　欧盟对农业科学技术及其推广的支持

一、欧盟有关农业科技及其推广应用的法案

1960 年，欧盟根据《罗马条约》正式提出建立共同农业政策（CAP），1962 年欧盟 6 国（法国、意大利、联邦德国、荷兰、比利时、卢森堡）通过了《建立农产品统一市场折中协议》，这个协议是 CAP 的最初框架。在实施过程中，面对内部利益分配不均、生产过剩、市场机制失衡、财政负担过于沉重、环境保护和食品安全受到质疑等问题，CAP 在各成员方的利益诉求中寻求平衡，经过了半个多世纪的调整和改革得到了不断完善，其中比较有影响力的农业法案如下：

（1）CAP（1962 年）：实施了一揽子价格支持政策，提高了农业生产力和农业人口的生活水平，稳定了农业市场环境。

（2）曼斯霍尔特计划（1968 年）：通过鼓励小农场兼并、老年生产者退出生产等实现了农业的规模生产。

（3）贫困地区计划（1975 年）：面对农产品生产过剩、贫困地区人民生活困难的问题，贫困地区计划向生产条件较恶劣的地区提供补贴，并对农产品实行价格支持，保证了农民收入。

（4）CAP 展望（1985 年）：提出了削减生产的新立法，改革方案包括牛奶配额、货币补偿额、共同价格等。

（5）稳定器改革（1988 年）：依据生产水平，为一种商品构建了专门的稳定器机制。

（6）MacSharry 改革（1992 年）主要内容：减弱价格补贴的支持力度；对农场主进行直接补贴；通过耕地面积削减计划，将谷物耕种面积降低至 85%。

（7）《2000 年议程》（2000 年）：为了进一步削减财政开支，对农民损失

进行补贴，《2000年议程》的主要改革措施：保持2000~2006年的农业预算为420亿欧元；提高直接收入补贴；降低价格支持；注重农业生态环境保护；制订农村发展计划，以支付酬金或补贴农场贷款利息的方法支持青年农民创建农场、鼓励老年生产者提前退休；提倡农业环境保护。

（8）CAP改革（2003年）的主要内容：脱钩支付。制定环境保护和食品安全标准，通过高额补贴鼓励农民"交叉达标"；采取强制动态调整机制，减少对大农场主的补贴；建立新的农场咨询系统，向农民提供生产咨询服务；对青年农民进行投资补贴，以促进乡村经济发展；下调价格支持。

（9）《健康检查》（2008年）主要改革措施：实施牛奶生产配额制度；废除对大麦、猪肉和高粱的价格干预措施；采用脱钩支付政策；革新作物休耕政策，鼓励农民自主生产；拨款帮助新加入的欧盟12国构建并实施直接支付体制；将环境保护、动物福利、食品安全标准进行统筹考虑，限制农场主从政府得到的补贴总额；增加对青年农民投资的援助金额。

（10）《2014－2020年CAP改革法案》（2013年）主要改革措施：制定绿色发展目标，在采取生产约束措施的同时，加大对绿色农业的扶持力度，确保农业可持续发展；鼓励全生产链研究与创新，提高农业竞争力；提高农村地区的就业率，促进农村经济增长。

可见，经过了半个多世纪的调整和改革，CAP体系从粮食安全、农业竞争力、农业发展的可持续性、政策的有效性四个方面得到了不断的发展完善：

（1）生产方面。20世纪60年代以来，欧盟通过鼓励小农场兼并和老年生产者退出生产两种方式，扩大了生产规模，提高了劳动生产率。

（2）农业补贴方面。20世纪50~80年代，欧盟通过价格支持提高了农民收入。20世纪90年代，农业补贴过渡到了以价格补贴和直接补贴并存的机制。

（3）环境保护方面。20世纪90年代，欧盟通过了耕地面积削减计划。2000年以来，欧盟开始注重农业生态环境保护，采用了脱钩支付，制定了环境保护标准，鼓励农民"交叉达标"（董利苹，2017）。

（4）研究与创新方面。2000年以来，农村经济、公共服务体系、农产品全生产链研究与创新等受到了欧盟的关注。

二、欧盟负责农业科研及科技推广的部门和机构

政府的农业科研与推广部门在农业科技进步中起了主导性的作用。与美国、日本等农业发达国家一样，欧盟各国的农业科研与推广部门也主要由政府组织与资助。欧盟委员会（以下简称"欧委会"）作为欧盟相关法规政策的起草者和执行机构在制定和管理框架计划中发挥着重要作用。在制定每期计划工作框架中，欧委会通过深度调研，咨询学术界、相关行业、民间团体、专家组以及各大科研院所，就下一轮计划目标、内容、实施方案等进行广泛讨论，并对未来计划对欧洲经济、环境和社会的影响，以及预算进行评估，并征询公众意见，最终形成计划提案，提交欧洲议会和欧洲理事会审议。审议通过后，框架计划由欧委会负责具体实施，包括项目申报、经费管理、项目评估等（曹建如，2014）。

欧委会下设科研与创新总司（以下简称"科研总司"）负责协调与支持各成员国的国家级和地区级科研项目，以及框架计划有关项目和行动的日常管理和运行。科研总司专设框架计划政策与管理办公室，开展有关框架计划项目规划、评审立项、资金监管、总结评估等工作。

三、政府财政对农业科技研发及推广的支持

由于 2008 年全球经济危机，欧盟整体经济严重受挫。2008～2009 年欧盟 GDP 整体下滑 4%；失业人口增至 2 300 万人，约占欧盟国家人口的 10%，暴露出欧盟国家经济结构的弱点，包括科研创新投入不足、就业不够充分、人口老龄化等。同时，面对全球经济一体化，欧盟从这次经济危机中也认识到来自全球的挑战越来越大，包括新型经济体的竞争、气候变化和自然资源紧缺等。经历这次经济危机，欧盟需要通过更加统一的政策和行动来恢复经济增长和国际竞争力。基于这样一个背景下，欧盟推出了"欧盟 2020 战略"计划，急需在各个领域开展全新的改革。"欧盟 2020 战略"是继"里斯本战略"之后，欧盟又一个 10 年发展规划，指引欧盟各国 2010～2020 年的发展重点和目标（刘文博，2016）。欧盟 2020 战略的"可持续增长"和"包容性增长"的发展方向，均离不开农业生产的提升和变革，以及农村地区的和谐

发展。农业科技研发及推广是实现"欧盟 2020 战略"增长模式不可或缺的力量，欧洲研究委员会将提供总计 130.95 亿欧元用于支持农业科技研发及推广，资助类型分为五类：(1)"起始资助（starting grants）"用于资助年轻研究人员（具备 2~7 年工作经验），经费最高为 5 年 200 万欧元；(2)"巩固资助（consolidator grants）"用于资助可独立开展研究的优秀科学家（具备 7~12 年工作经验），经费最高为 5 年 275 万欧元；(3)"高级资助（advanced grants）"用于资助已获得重大科研成果的顶级科学家（具备 10 年以上工作经验），经费最高为 5 年 350 万欧元；(4)"成果验证资助（proof of concept grants）"用于资助研究成果转化，经费最高 1 年 15 万欧元；(5)"协同资助（synergy grants）"用于资助优秀科研团队，经费最高 6 年 1 500 万欧元[①]。

除了基础性研究外，"社会挑战"领域也有涉及农业的科研项目，主要包括"粮食安全、可持续农渔业和生物经济"（以下简称"可持续农业方向"）和"气候行动、资源效率和原材料开发"（以下简称"气候资源方向"）两大方向。

"可持续农业方向"预算经费 35.10 亿欧元，旨在通过优化和可持续利用生物资源，从而以最少的投入生产更多的食物、纤维制品和各种生物源产品，同时减少温室气体排放和资源浪费，维持生态系统平衡并获得足够的社会价值。这一方向涉及农业、林业、渔业、水产业、食品加工、生物质能等多个领域，通过开展科研项目解决这些领域所面临的重大问题：

农林业——保障足够的粮食生产以满足世界粮食需求的增长；有效开展自然资源的可持续管理从而减少对环境的破坏。

食品安全——在满足消费者需求同时减少食品对人类健康和自然环境的不良影响；在生产、加工和消费的每一个环节上确保食品安全；同时注重饲料安全，保障畜禽产品健康。

渔业及水产业——优化渔业和水产养殖对保障粮食安全的可持续贡献；发展"蓝色"生物技术和跨领域海洋研究，提高渔业创新力。

---

① The European Parliament and the Council of the European Union, Regulation (Eu) No. 1291/2013, Official Journal of the European Union, 2013d, http：//ec. europa：eulresearch/participants/datalref/h2020/legal basis/fp/h2020-eu-establact_en. pdf.

生物质能——将传统的基于化石燃料的化工产业转变为低碳、资源高效、环境友好型的基于生物质能的新型产业。

"气候资源方向"预算经费 28.08 亿欧元，旨在促进社会和生态系统适应包括气候变化在内的各种环境变化。这一方向的研究与创新行动包括：

（1）适应并抵抗气候变化；

（2）保护环境，实现自然资源、水、生物多样性和生态系统的可持续管理；

（3）实现非能源和非农业原料的可持续供应；

（4）通过生态学创新研究实现经济和社会的绿色革命；

（5）开发综合性全球环境监测与信息系统。

通过上述行动将达到如下目标：资源利用高效且能够抵御气候变化的经济与社会；自然资源和生态得到保护且实现可持续管理；原材料可持续供应和利用，在自然资源不断减少的情况下保障世界人口增长的需求。

第四节　中国对农业科学技术及其推广的支持

建立完善的农业科技和推广体系是加快推进农业发展的根本要求，更是关系到国计民生的基础。中国的农业科学技术源远流长，早在秦汉时期，传统农业科学技术体系就已经初具规模。随后，历代封建王朝都不断改进完善，一度处于世界领先地位，令西方望尘莫及。但是明清之后，没落的封建政府闭关自守，不重视科学技术在农业和经济社会发展中的作用，我国传统的农业科学技术历经曲折的发展历程后，其辉煌灿烂的成就日趋落后；到 19 世纪，特别是鸦片战争以来，随着中国半殖民地半封建社会的深入，帝国主义列强纷纷侵入掠夺，我国农业科学技术停滞不前。一直到新中国成立前夕，我国农业科技教育机构残缺，基本生产资料严重不足，农业再生产十分困难。

19 世纪末、20 世纪初，我国兴起了引进和推广西方农业科学技术、变革我国传统农业的思潮，并逐步形成了中西结合的农业科技体系雏形，对后来农业科技体制的变迁发展产生深远的影响。从 1948 年新中国中央政府农业部在黑龙江试办农业技术推广站开始，我国采取了一系列措施推动农业科学技术及其推广工作。新中国成立后，各级人民政府十分重视农业科技及其技术推广工作，采取了各种促进农业科技发展、加强农业技术推广工作的政策和措施。

当前，我国加快推进农业现代化发展的关键是农业科技进步和创新，特别是要通过深化农业科技体制改革，加大政策、投入等支持保障力度，把农业科技创新成果转化为现实生产力。最近五年来，我国着力实施"藏粮于地、藏粮于技"战略，不断加大对农业科技的重视和投入。我国每年的粮食产量都在 6 亿吨以上，主要农作物自主选育品种占比达到 95% 以上，农业生物技术、品种选育等方面取得很大的进步。截至 2016 年底，我国专项科技示范方面，扩大良种种植面积 698.58 万亩，技术培训人员 123.64 万人次，科技增加值达到 372 465.31 万元，占新增总产值的 46.6%。与此同时，我国农业科技进步贡献率仅为 57.7%，自主创新、成果转化、技术推广能力也相对薄弱。

一、关于农业科技及推广的法律法规

（一）《中华人民共和国农业法》

为了保障农业在国民经济中的基础地位，维护农业生产经营组织和农业劳动者的合法权益，促进农业的持续、稳定、协调发展，我国在 1993 年 7 月通过了《中华人民共和国农业法》，以基本法的形式对农业发展做出了全面规定。该法第三十七条对于建立和完善国家对农业科研与技术推广、教育培训、农业生产资料供应等方面的扶持政策，促进农民和农业生产经营组织发展农业、提高农民收入水平等作出了规定。第三十八条则从国家财政支持农业科研教育、农业技术推广和农民培训等方面作出了规定。此外，《中华人民共和国农业法》第七章专门规定了国家对农业科技和农业教育的支持。其中，第四十八条规定，国务院和省级人民政府应当制定农业科技、农业教育发展规划，发展农业科技、教育事业。县级以上人民政府应当按照国家有关规定逐步增加农业科技经费和农业教育经费。第五十条规定，国家扶持农业技术推广事业，建立政府扶持和市场引导相结合，有偿与无偿服务相结合，国家农业技术推广机构和社会力量相结合的农业技术推广体系，促使先进的农业技术尽快应用于农业生产。

（二）《中华人民共和国科学技术进步法》

为了促进科学技术进步，在社会主义现代化建设中优先发展科学技术，发挥科学技术是第一生产力的作用，推动科学技术为经济建设服务，我国在1993年7月制定了《中华人民共和国科学技术进步法》。该法第十四条规定，国家依靠科学技术进步，振兴农村经济、促进农业科学技术成果的推广应用，发展高产、优质、高效的现代农业。第十五条规定，县级以上地方各级人民政府应当采取措施，保障农业科学技术研究开发机构和示范推广机构有权自主管理和使用试验基地和生产资料，进行农业新品种、新技术的研究开发、试验和推广。

（三）《中华人民共和国促进科技成果转化法》

为了促进科技成果转化为现实生产力，规范科技成果转化活动，加速科学技术进步，推动经济建设和社会发展，我国于1996年制定了《中华人民共和国促进科技成果转化法》。该法第十三条规定，国家鼓励农业科研机构、农业试验示范单位独立或者与其他单位合作实施农业科技成果转化。第二十一条规定，国家财政用于科学技术、固定资产投资和技术改造的经费，应当有一定比例用于科技成果转化。科技成果转化的国家财政经费，主要用于科技成果转化的引导资金、贷款贴息、补助资金和风险投资以及其他促进科技成果转化的资金用途。农业科研机构为推进科技成果转化，可以依法经营其独立研究开发或者与其他单位合作研究开发并经过审定的优良品种。第二十二条规定，国家对科技成果转化活动实行税收优惠政策。

（四）《中华人民共和国农业技术推广法》

为加强农业技术推广工作，促使农业科研成果和适应技术尽快应用于农业生产，保障农业的发展，实现农业现代化，我国于1993年制定了《中华人民共和国农业技术推广法》，并在2012年8月进行了修正。该法首先对农业技术推广的含义作出了规定，即通过试验、示范、培训、指导以及咨询服务等，把农业技术普及应用于农业产前、产中、产后全过程的活动。该法第三条明确规定，国家扶持农业技术推广事业，加快农业技术的普及应用，发展高产、优质、高效、生态、安全农业。第二十三条规定，国家逐步提高对农业技术推广的投入。各级人民政府在财政预算内应当保障用于农业技术推广的资金，并应当使该资金逐年增长。各级人民政府通过财政拨款以及从农业发展基金中提取一定比例的资金的渠道，筹集农业技术推广专项资金，用于实施农业技术推广项目。2013 年《中华人民共和国农业技术推广法》修订并正式实施，为新时期的农业技术推广事业发展提供了有力保障。

（五）《中华人民共和国科学技术普及法》

2002 年 6 月，为了实施科教兴国战略和可持续发展战略，加强科技普及工作，提高公民的科学文化素质，推动经济发展和社会进步，我国制定了《中华人民共和国科学技术普及法》。该法第二十条规定，国家加强农村的科普工作。农村基层组织应当根据当地经济与社会发展的需要，围绕科学生产、文明生活，发挥乡镇科普组织、农村学校的作用，开展科普工作。各类农村经济组织、农业技术推广机构和农村专业技术协会，应当结合推广先进适用技术向农民普及科学技术知识。

目前，我国已经形成了以《中华人民共和国科学技术进步法》为中心，包括《中华人民共和国促进科技成果转化法》《中华人民共和国农业技术推广法》《中华人民共和国专利法》《中华人民共和国科学技术普及法》等各项专门法律及其实施办法在内的综合性农业科技创新立法体系，为农业科学技术的发展和普及推广提供了明确的法律依据。

二、国家支持农业科技及推广的法规和规章文件

（一）农业科技支持政策

1956 年，我国高等教育部与农业部联合颁发通知，要求高等农业院校与农业科研机关合作开展教育与农业科研工作。同年 10 ~ 11 月，中国共产党第八届中央委员会第三次全体会议通过了《1956 年到 1967 年全国农业发展纲要（修正草案）》（以下简称《纲要》）。《纲要》第四条提出，要推行增产措施和推广先进经验；第二十一条提出了要改善农业科学研究工作和技术指导工作，根据需要和可能条件，建立和改进农业科学研究工作和技术指导工作的机构，例如农业科学院，区域性和专业性的农业科学研究院，省级农业

试验站，县级示范繁殖农场和农业技术服务站等，使农业科学研究工作更好地为发展农业生产服务。从 1956 年开始，要在十二年内，从具有相当生产经验和一定文化程度的农民中间，为农业合作社培养初级和中级的技术人才，以适应合作经济发展的需要。

1960 年国家通过了《1956－1967 年全国农业发展纲要》。该纲要对改善农业科研工作和技术指导工作专门提出了明确要求：根据需要和可能条件，建立和改进农业科学研究工作和技术指导工作的机构；农业科学研究和技术指导，必须同农民群众的生产实践紧密地结合起来，从具有相当生产经验和一定文化程度的农民中间，为农民合作社培养初级和中级的技术人才等（王汉林，2011）。

1963 年，国家科委下达《1963－1972 年科学技术发展规划》（以下简称《规划》）。《规划》中提出，必须大力加强农业的研究试验工作；必须加强与农业技术改革有关的科学技术问题的研究。在有关农业的各方面，有大量的科学技术问题，必须在这十年内过关。十年规划在农业方面的目标，是为农业增产提供各方面的科学技术成果，系统地解决实现农业技术改革中的科学技术问题。农业科学技术工作应该采取单科性研究与综合性研究相结合、科学研究与推广普及相结合的方法，要求各部门和各专业组应该加强科学研究的协调工作。

1974 年，中国科学院、农林部、农林科学院在全国四级农业科学试验网经验交流会上，就四级农业科学试验网的具体任务和推广做出部署。财政部自 1976 年开始，每年补助社队农科组织 2 000 万元，用于加强农业科技推广体制建设等。1978 年，中国共产党第十一届中央委员会第三次全体会议明确指出，农村的"四级农科网"就是"四级推广网"，要将农业科研与推广视为一体。3 月 18 日，全国科学大会召开，并制定了《1978－1985 年全国科学技术发展规划纲要》，研究可加速发展科技的措施，进一步调动各方面力量向科技现代化进军。与之前的农业科技政策文件不同，该《纲要》不仅提出了我国科技发展的目标，而且明确了国家在农业、工业等科技发展方面的具体支持措施。

1979 年中国共产党第十一届中央委员会第四次全体会议通过《中共中央关于加快农业发展若干问题的决定》，明确提出要组织技术力量研究解决农业现代化中的科学技术问题，逐步形成门类齐全、布局合理的农业科学技术研究体系。到 1978 年底，大部分省基本建立了省、市、县、公社四级农技推广机构，人民公社建立科技站，生产大队建立科技小组，生产队内设有技术员，负责社队的技术推广和指导工作。农业科学技术推广的经费主要来源于国家财政拨款，推广方式上主要是由技术干部到社队蹲点，以搞样板田、运用示范和培训的方法，推广先进技术和经验。

1980 年 8 月，国家农委和农业部印发《关于加强农业科研工作的意见》，提出调整各级农业科研单位工作的方向和任务，以应用研究和应用基础研究为主，也要侧重开发研究，着重解决生产上具有战略性、基础性、综合性的问题。

1985 年《中共中央关于科学技术体制改革的决定》（以下简称《决定》）要求改革农业科学技术体制，使之有利于农村经济结构的调整，推动农村经济向专业化、商品化、现代化转变。《决定》要求，各级政府对于重大的农业技术开发项目或区域开发项目，应打破部门、地区限制。省以上农业科研机构和农业高等学校要加强合作，用较大的力量进行超前一步的研究和开发工作，并且要建立科学技术成果综合运用的示范基地。要鼓励和推动城市各行各业的科学技术人员和科学技术机构向农村提供各种技术成果、信息和技术服务。为进一步推动技术的普及应用，《决定》还要求各级农业技术推广机构与研究机构、高等学校密切合作，积极做好各方面的技术服务以及新技术的推广工作。

1989 年 11 月，国务院印发了《关于依靠科技进步振兴农业 加强农业科技成果推广工作的决定》，明确了科学技术在农业发展中的重要作用，将科技进步振兴农业作为一项重大战略措施。该决定除了明确要加强农业科技成果的推广应用，在全国范围内建立健全各种形式的农业技术推广服务组织体系，进一步确定和发展农村科技队伍，大力加强农村教育，广泛开展技术培训等措施以外，还明确了各级政府要广辟资金来源，增加农业科技投入，并且将农业发展基金重点用于农业科技投入，为农业科研、推广和培训提供稳定的资金来源。

《科学技术发展十年规划和"八五"计划纲要（1991—2000 年）》（以下简称《纲要》）规定了今后十年农业科学技术发展的目标，并提出要大力开发、推广科技成果和先进适用的生产技术；《纲要》同时对我国主要农业领域的科学技术水平提出了要求，即十年内要达到 20 世纪 80 年代初的世界先进水平；形成比较完整的农业科技研究、发展与推广的组织结构、工作体系、服务体系。

1992 年，国务院发布《国家中长期科学技术发展纲领》，要求进一步深化农村科技体制改革。要保证农业科技经费的稳定增长与农业科研队伍的持续发展。国家和地方要支持和引导县及县以下农业科技机构逐步发展成为独立核算的、综合性的技术开发、推广、服务经营实体，增强科技推广工作的活力。

2001 年 4 月，国务院印发《农业科技发展纲要（2001—2010 年）》（以下简称《纲要》），就新阶段农业科技工作的方针、原则、目标任务等作出了规定。《纲要》第五部分，就政府加大对农业科技投入力度作出了明确。第二十五条规定，建立政府投入为主导、社会投入多元化的农业科技投入体系。各级政府在大幅度增加对农业科技投入的同时，还要调动企业、个人等社会力量投入农业科技，从根本上改变农业科技投入严重不足的状况。《纲要》指出，我国农业科技投入要以各级政府投入为主。中央和地方每年财政对农业科技投入的增长速度要高于其财政收入的年增长速度，要加大对农业科技成果转化的支持力度。同时，要通过"绿箱"政策等各种形式，增加农业科技研究和科技成果转化资金。

2007 年 6 月，农业部印发了《农业科技发展规划（2006—2020 年）》（以下简称《规划》）。《规划》在综合分析了我国农业科技发展所取得的成绩、存在的问题和面临的机遇后指出，各级农业行政部门要按照新时期农业科技的指导方针，重视和大力支持所属科研、教学、推广单位的工作，把农业科技宣传、教育与普及列为一项重要任务，推进农业科技进步。同时，国家还制定了《国家农业科技创新体系建设方案》《现代农业产业技术体系建设实施方案》（以下简称《方案》），进行国家宏观层面的顶层设计，提出建设国家农业科技创新体系，成为我国新时期农业科技体制改革创新的里程碑。《方案》明确，要以服务现代农业和社会主义新农村建设为根本宗旨，以深化农业科研体制改革为动力，以提高科技持续创新能力和效率为核心，逐步建设有国家农业技术创新基地、区域性农业科研中心、试验站和企业农业科技研发中心为主，组成了开放式的国家农业科技创新体系（邱启程，2014）。自 2007 年开始，农业部、财政部共同启动了若干个现代农业产业技术体系建设试点的农产品，并且明确了由中央财政专项资金予以保障。

2008 年 10 月，《中共中央关于推进农村改革发展若干重大问题的决定》

（以下简称《决定》）对进一步推进农村改革发展作出了重大部署。《决定》把加大国家对农业支持保护力度，深入实施科教兴农战略作为重大原则。在农业支持保护方面，《决定》要求健全农业投入保障制度，保证各级财政对农业投入增长幅度高于经常性收入增长幅度。同时，加快农业科技创新，大力推进农业科技自主创新。加大农业科学技术投入，建立农业科技创新基金，支持农业基础性、前沿性科学研究。加强农业技术研发和继承。深化科技体制改革，加快农业科技创新体系和现代农业产业技术体系建设，加强对公益性农业科研机构和农业院校的支持。稳定和壮大农业科技人才队伍，加强农业技术推广普及，开展农民技术培训。加快农业科技成果转化，促进产学研、农科教结合。

2012 年 1 月，中共中央、国务院发布了《关于加快推进农业科技创新持续增强农产品供给保障能力的若干意见》，提出要把农业科技摆上更加突出的位置，推动农业科技跨越发展。

2012 年 7 月，农业部印发了《加快农业科技创新与推广的实施意见》（以下简称《意见》），就进一步加快农业科技创新与推广，为建设现代农业提供科技支撑。《意见》提出，要积极争取财政、发展改革等部门扩大资金投入，强化科研条件建设，大幅度提高农业科研设施条件水平。同时，要加大支持力度，进一步强化地市级涉农科研机构建设，强化其技术研发以及引进遴选、集成配套、示范推广适用技术的功能，充分发挥其连接科研与推广的关键作用。在农技推广方面，《意见》要求要建立按服务规模和服务绩效落实农技（包括种植业、畜牧兽医、渔业、农机）推广工作经费的长效机制，切实解决基层农技推广工作经费不足的实际问题。要鼓励社会力量参与农技推广服务、加快建设农业科技队伍等方式，推动农业科技推广服务。

2013 年 1 月，农业部发布《关于促进企业开展农业科技创新的意见》，通过金融信贷支持、税收减免、企业研发费用加计扣除等多种渠道和形式鼓励企业开展农业科技创新与服务，切实发挥企业在支撑现代农业发展中的作用。

2015 年 8 月，农业部印发《关于深化农业科技体制机制改革加快实施创新驱动发展战略的意见》。围绕加快农业科技创新的问题，农业部指出，要遵循农业科技发展规律，强化政府主导作用，充分运用市场机制，推动农业科技更好更快地发展。在农技推广方面，要深化基层农技推广体系改革建设，在乡镇设置国家农技推广机构，完善农技推广责任制度，创新农技推广方式，切实解决基层农技推广工作经费不足的问题，建立农技推广经费投入的长效机制。同时，强化农技推广队伍建设，由国家加强对农技推广机构人员的聘用管理，实行农技推广服务特岗计划。

此外，历年的中央一号文件都不断深化对农业科技的政策支持。自2004年以来，中央通过一号文件的形式，对农业和农村发展的相关政策做出规定，对农业产业的各项支持和扶助措施也予以明确，为我国农业农村经济转变发展方式和调整产业结构提供了有力支撑。2004年的中央一号文件《中共中央、国务院关于促进农民增加收入若干政策的意见》指出，在对农业科技进行体制改革时，要以提高农业的"三种能力"为中心来开展工作，加大对农业科研的资金支持力度；2005年的中央一号文件《中共中央、国务院关于进一步加强农村工作提高农业综合生产能力若干政策的意见》提出，要注重农业科技的创新，在推广良种、良法时要加大力度，对农业技术推广系统加以完善，要发展其公益性，放活经营服务；2010年的中央一号文件《中共中央、国务院关于加大统筹城乡发展力度，进一步夯实农业农村发展基础的若干意见》提出，要建立基层技术推广机构，将技术推广机构尽快覆盖到基层，建立区域化的公共服务机构，提高农技推广能力，加速农业新技术的推广；2012年的中央一号文件《关于加快推进农业科技创新持续增强农产品供给保障能力的若干意见》提出，要着重发展农业科技，用科技创新为现代农业建设保驾护航，用教育成就新型农业科技人才队伍的建设。

2018年1月，国务院办公厅发布了《关于推进农业高新技术产业示范区建设发展的指导意见》并指出，中央财政通过现有资金和政策渠道，支持公共服务平台建设、农业高新技术企业孵化、成果转移转化等，推动农业高新技术产业发展。不断调整和发展的我国农业科技政策，为农业科技的进步提供了支持和保护，且保护体系发展到了高标准、宽领域、多方式及多项目的状态。

科技部的相关统计数据显示，截至2017年底，我国农业科技进步贡献率达到57.5%，主要农作物良种基本实现全覆盖，自主选育品种面积占比达到95%，预计到2020年，我国农业科技进步贡献率达到60%以上，农业科技整体实力进入世界前列。即便如此，我国在农业科技进步方面依然远低于以色列96%的农业科技进步贡献率，以及约为80%的日本农业科技进步贡献率的发展水平，我国亟须建立以农业企业为核心的技术创新体系。我国农业可持续发展水平较低。长期以来，我国农业在发展的过程中，由于大量使用化学肥料以及农业机械化作业较低，导致农业生产效率较低、耕地严重破坏，加之休闲农业、观光农业等现代农业经济模式缺乏，造成农业可持续发展水平较低。

（二）农业科技推广政策

1952 年 10 月，农业部颁布《农业技术推广方案（草案）》，要求各级政府设立专业机构，配备专职人员，开展农技推广工作。

1954 年，农业部拟定《农业技术推广站工作条例（草案）》，要求县以下设立农业技术推广站，对农业技术推广站的职能性质、任务、组织领导、工作方案、工作制度、人员配备、经费、设备等都做了具体规定。

1955 年 4 月，农业部发布《关于农业技术推广站工作的指示》，明确规定农业技术推广站是农业部门总结农业生产经验，推广农业科学技术，帮助农民提高产量、增加收入，促进农业合作化的基层组织。

1962 年 12 月，农业部正式发出《关于充实农业技术推广站、加强农业技术推广工作的指示》文件，指明农业技术推广站是农业战线的基层技术机构，要求各地按照中共中央、国务院 1962 年 10 月关于充实和调整农业科研机构的通知，迅速把农业技术推广站健全充实起来，加强农业技术推广工作。

1974 年，中国科学院、农林部、农林科学院召开全国四级农业科学试验网经验交流会，就四级农业科学试验网的具体任务和推广做出部署。财政部自 1976 年开始，每年补助社队农科组织 2 000 万元，用于加强农业科技推广体制建设等。

1978 年，党的十一届三中全会明确指出，农村的"四级农科网"就是"四级推广网"，将农业科研与推广视为一体。到 1978 年底，大部分省基本建立起了省、市、县、公社四级农技推广机构。此后一段时期内，我国出台的农业政策法规和政策文件，很大一部分都是将农业科技发展与推广应用一并做出规定。

2006 年 8 月，国务院印发《关于深化改革　加强基层农业技术推广体系建设的意见》（以下简称《意见》），就加大基层农业技术推广体系改革力度，合理布局国家基层农业技术推广机构，有效发挥其主导和带动作用，加强县乡两级基层农业技术推广体系建设提出的具体要求。在管理体制方面，《意见》指出，要加大对基层农技推广体系的支持力度，保证供给履行公益性职能所需资金，采取有效措施，切实保证对基层公益性农业技术推广机构的财政投入。地方各级财政对公益性推广机构履行职能所需经费要给予保证，并纳入财政预算。中央财政对重大农业技术项目推广和经济欠发达地区的推广工作要给予适当补助。各地要统筹规划，在整合现有资产设施的基础上，按照填平补齐的原则，加强基础设施建设，改善基层农业技术推广条件。在组织领导方面，《意见》指出，地方各级政府部门应该在人员安置、财政保障、基建投入、科技项目等方面给予支持。

2013年农业部办公厅、财政部办公厅印发关于《2013年基层农业技术推广体系改革与建设实施指导意见》的通知，就中央财政资金加强基层农业技术推广体系建设，提升基层农业技术推广体系公共服务能力，全面提高农业科技服务效能作出明确。

2017年中央一号文件《中共中央、国务院关于深入推进农业供给侧结构性改革加快培育农业农村发展新动能的若干意见》指出，要强化农业科技推广，推行政府购买服务，支持各类社会力量广泛参与农业科技推广，完善农业科技创新激励机制，通过"后补助"等方式支持农业科技创新，实施农业科研杰出人才培养计划，深入推进科研成果权益改革试点，完善符合农业科技创新规律的基础研究支持方式，提升农业科技园区建设水平。通过政府主导、部门协作、统筹安排、产业带动的培训机制，提升新型职业农民培训水平。

2017年《农业部教育部关于深入推进高等院校和农业科研单位开展农业技术推广服务的意见》，要求探索建立农教科协同开展技术推广服务的有效途径，增强技术在支撑农业结构调整和促进农业发展中的引领作用。

《国务院关于印发全国农业现代化规划（2016—2020年）》明确，要增强科技成果转化应用能力。健全农业科技成果使用、处置和收益管理制度，深化基层农技推广体系改革，完善科技推广人员绩效考核和激励机制，构建以基层农技推广机构为主导、科研院校为支撑、农业社会化服务组织广泛参与的新型农技推广体系，探索建立集农技推广、信用评价、保险推广、营销于一体的公益性、综合性农业服务组织，加强农业知识产权保护和应用。建设全国农业科技成果转移服务中心，推行科技特派员制度，推进国家农业科技园区建设。同时，推进信息化与农业深度融合，加快实施"互联网＋"现代农业行动，加强物联网、智能装备的推广应用，推进信息进村入户，提升农民手机应用技能，力争到 2020 年农业物联网等信息技术应用比例达到17%、农村互联网普及率达到52%、信息进村入户村级信息服务站覆盖率达到80%①。建设全球农业数据调查分析系统，定期发布重要农产品供需信息，基本建成集数据监测、分析、发布和服务于一体的国家数据云平台。加强农业遥感基础设施建设，建立重要农业资源台账制度。健全农村固定观察点调查体系。推进农业科技对外合作。鼓励农业科研院校、企业在发达国家建立海外农业科学联合实验室，在发展中国家设立农业重点实验室、技术实验示范基地和科技示范园区，促进成果分享和技术出口。积极参与涉农国际规则、标准制定，承担国际标准化组织等工作，推进农业标准和农产品认证互认与合作。

三、农业科学技术研究及技术推广组织和机构

中华人民共和国成立以来，在农业科技及推广方面，一直是政府主导的。特别是中华人民共和国成立初期，农业生产以传统农业生产技术为主，推广技术以经验为主的背景下，我国农业科学技术研究和技术推广活动都是自上而下的、政府发挥主导作用的。

在"大跃进"和"人民公社化"运动中，不少地方的农技推广处于瘫痪和半瘫痪状态。虽然 1962 年以后，农技推广得到恢复和发展，但这一时期的推广方式，主要是技术干部到社队蹲点、搞样板间，运用示范和培训的方法，推广农业技术和经验，培训农民技术队伍。1963 年，我国明确了加强政府对农业科研领导管理，并由农业部直接领导农业科研体系的方针。1966～1974年，农业技术推广工作再度陷于停顿状态，直至 1974 年开始，我国逐步建立和健全了县、社、大队、生产队四级农业科学试验网。到 1978 年底，大部分省基本建立起了省、市、县、公社四级农技推广机构，人民公社建立起科技

---

① 《国务院关于印发全国农业现代化规划（2016—2020 年）的通知》，中华人民共和国中央人民政府网，http://www.gov.cn/zhengce/content/2016－10/20/content_5122217.htm？gs_ws＝weixin_636125847311002942&from＝singlemessage&isappinstalled＝0。

展，生产大队建立起科技小组，生产队内设有技术员，负责社队的技术推广和指导工作。农业科技因为有了专门的研发和推广体制，而在一定程度上推动了农业产业的发展。

改革开放以后，我国农业科技推广工作进入一个新的发展时期。1979 年农业部重新组建了"农业部科学技术委员会"，发布了"农业部科学技术委员会组织纲要"，以加强农业科研和技术推广工作，使农业科技工作在新时期促进农业现代化中发挥更大的作用，并明确农业部科学技术委员会为咨询审议机构。同年，农业部召开建立农业科技试验、推广、培训中心试点县座谈会，要求在全国逐步建立县农业技术推广中心，统一领导全县的试验示范、技术培训和技术推广工作。

1980 年，农业部提出《关于加强农业技术推广工作的意见》，并发出《关于切实加强农业科技推广工作，加速农业发展的联合通知》。1982 年，中共中央转发《全国农村工作会议纪要》，要求恢复和健全各级农业技术推广机构，充实技术力量，我国农业技术推广体系建设进入新的发展时期。

1982 年，农牧渔业部成立了全国农业技术推广总站，负责管理和指导全国的农业技术推广工作。1983 年 7 月，农牧渔业部又颁发了《农业技术承包责任制试行条例》《农业技术重点推广项目管理试行办法》等一系列文件，进一步整顿和加强农业技术推广工作，促进了农业技术推广事业的发展。

1985 年《中共中央关于科技体制改革的决定》（以下简称《决定》）全面阐述了我国科技体制改革的指导思想和总体思路。《决定》指出①，在运行机制方面，要克服单纯依靠行政手段管理科学技术工作的弊病；在对国家重点项目实行计划管理的同时，使科学技术机构具有自我管理的能力和自动为经济建设服务的活力。大力加强企业的技术吸收与开发能力和技术成果转化为生产能力的中间环节，促进研究机构、设计机构、高等学校、企业之间的协作和联合，并使各方面的科学技术力量形成合理的纵深配制。《决定》第五部分对农业科技体制改革作出了专章叙述：改革农业科学技术体制，使之有利于农村经济结构的调整，推动农村经济向专业化、商品化、现代化转变。各地要围绕农林牧副渔的商品生产基地的建设，即同各方面的科学技术力量，

---

① 《中国共产党 80 年大事记·1985 年》，人民网，2001 年 6 月 12 日，http：//www.people.com.cn/GB/shizheng/252/5580/5581/20010612/487222.html。

发展多种形式的联合。农业科研机构和农业高等学校要加强合作，用较大的力量进行超前一步的研究和开发工作，并且建立科学技术成果综合运用的示范基地。要鼓励和推动城市各行各业的课业技术人员和科学技术机构向农村提供各种技术成果、信息和技术服务。农业技术推广机构应同研究机构、高等学校密切合作，加强同乡镇企业、各种合作组织以及专业户、技术示范户、能工巧匠的结合，积极做好各方面的技术服务以及新技术推广工作。要推行联系经济效益计算报酬的技术责任制或收取技术服务费的办法，使技术推广机构和科学技术人员的收入随着农民收入的增长而逐步有所增加。技术推广机构和研究机构可以兴办企业型的经营实体。农业技术推广机构和研究机构的事业费，仍可由国家拨给，实行包干制。应当鼓励和支持有条件的单位逐步做到事业费自给。

1986 年，农牧渔业部召开第一次农业科技体制改革研讨会，讨论制定了《关于农业科技体制改革的若干意见》（试行）（以下简称《意见》），对农业科技体制改革的指导思想、调整方向任务、积极开拓农业技术市场、改革技术推广工作、加强科技队伍建设等作了具体规定。特别是在经费改革方面，《意见》指出①，农业科研和推广机构的事业费国家拨给，实行包干制。提倡有关部门、企业和社会各界向农业科学技术投资。在农业技术推广方面，要健全农业技术推广体系，逐步把有关农业推广机构结合起来，建立县农业技术推广中心，并以县为重点建成上下相通、左右相连的技术推广体系和服务网络。改变过去单纯用行政手段推广农业技术和全部无偿服务的做法，通过宣传、教育，并运用经济手段，实行技术低偿或无偿服务。推广机构为推广新的技术所经营的新品种、必要的农业生产资料以及产品加工、贮运等业务，有关工商、财税供销管理部门应给予支持。

1990 年，为贯彻国务院《关于依靠科技进步振兴农业，加强农业科技成果推广工作的决定》，和江泽民在国家科学技术奖励大会上发表的《推动科技进步是全党全民的历史性任务》的重要讲话精神，农业部决定 1990 年开展全国农业科技推广年活动。

1995 年，我国成立了全国农业技术推广服务中心，作为农业部直属事业

---

① 《农牧渔业部关于农业科技体制改革的若干意见（试行）》，http://www.chinalawedu.com/falvfagui/fg22016/80109.shtml。

单位，负责全国农业重大技术及优良品种的引进、试验、示范与推广等工作。与此相对应，自上而下地在各地方设立地方性的农业技术推广服务机构和部门，推广经费主要是国家财政事业拨款。此外，我国还发展了以农业科研、教育部门为主的推广方式和以农村合作组织、农民技术协会以及供销合作社为中心的推广模式。

依据现行有效的农业政策法规和文件，农业部、科技部、林业部等有关政府部门在其职责范围内具体负责农业科技和推广工作。例如，《中华人民共和国农业技术推广法》第九条规定，国务院农业、林业、畜牧、渔业、水利等行政部门（以下统称"农业技术推广行政部门"）按照各自的职责，负责全国范围内有关的农业技术推广工作。县级以上地方各级人民政府农业技术推广行政部门在同级人民政府的领导下，按照各自的职责，负责本行政区域内有关的农业技术推广工作。同级人民政府科学技术行政部门对农业技术推广工作进行指导；《中华人民共和国科技成果转化法》第四条规定，国务院科学技术行政部门、计划部门、经济综合管理部门和其他有关行政部门依照国务院规定的职责范围，管理、指导和协调科技成果转化工作。地方各级人民政府负责管理、指导和协调本行政区域内的科技成果转化工作。

四、中央和地方各级财政支持

为了更大范围的支持农业科技发展和推广，国家投入大量的资金和其他的政策措施。《中华人民共和国农业技术推广法》第二十三条规定，国家逐步提高对农业技术推广的投入。各级人民政府在财政预算内应当保障用于农业技术推广的资金，并应当使该资金逐年增长。各级人民政府通过财政拨款以及从农业发展基金中提取一定比例的资金的渠道，筹集农业技术推广专项资金，用于实施农业技术推广项目。县、乡镇国家农业技术推广机构的工作经费根据当地服务规模和绩效确定，由各级财政共同承担。《中华人民共和国科技普及法》第二十三条规定，各级人民政府应当将科普经费列入同级财政预算，逐步提高科普投入水平，保障科普工作顺利开展。各级人民政府有关部门应当安排一定的经费用于科普工作。

为了支持"四级农科网"建设，财政部自1976年开始，每年补助社队农科组织2 000万元，加强农业科技推广体制建设等。从2012年起，中央财政每年安排 26 亿元专项经费，支持基层全国 2 500 多个农业县健全农技推广体系改革与建设，强化基层农技推广体系经费保障，提升农技推广效能。具体内容包括健全县乡村公益性农技推广服务网络，提升农技推广人员能力素质，建设长期稳定的农业科技试验示范基地，培育农业科技示范主体，加快农技推广信息化建设，完善绩效考核和激励约束机制等。

中国共产党第十八次全国人民代表大会以来，我国中央财政投入 13.4 亿元，用于加强农业部重点实验室条件能力建设；中央财政累计投入 19.4 亿元，专项用于中国农业院科技创新工程；在农技推广方面，累计投入 58.5 亿元，用于改善乡镇农技推广机构工作条件。2014 年至 2018 年 9 月，农业部联合财政部启动实施新型职业农民培育工程，中央财政累计投入 70.9 亿元，累计培育各类新型农业经营主体带头人超过 200 万名。[1]

2016 年，中央财政安排 26 亿元资金，支持各地加强基层农技推广体系改革与建设，以服务主导产业为导向，以提升农技推广服务效能为核心，以加强农技推广队伍建设为基础，以服务新型农业生产经营主体为重点，健全管理体制，激活运行机制，形成中央地方齐抓共管、各部门协同推进、产学研用相结合的农技推广服务新格局。中央财政资金主要用于农业科技示范基地建设、基层农技人员培训、科技示范户培育、农技人员推广服务补助等。2016 年中央财政安排 13.9 亿元农民培训经费，继续实施新型职业农民培育工程，探索完善教育培训、规范管理、政策扶持"三位一体"的新型职业农民培育制度体系。2017 年，国家财政性教育经费投入 1.8 亿多元用于中西部地区教育工作并向农村倾斜，促进农村教育加快发展。

五、我国农业科技推广及产业开发的实践

1. 依托企业开展技术模式研究和推广示范，加强生态高效科技农业建设

农业部会同有关部门先后印发了《全国农业可持续发展规划（2015—2030 年）》《农业环境突出问题治理总体规划（2014—2018 年）》，出台了《农业部关于打好农业面源污染防治攻坚战的实施意见》等，对发展生态循

---

[1] 《科技创新是现代农业的强力引擎》，农业网，2017 年 9 月 19 日，http：//www.agronet.com.cn/News/1154710.html。

环农业进行全面部署。通过国家农业科技创新联盟、农业竞争力提升科技行动促进科研机构与企业合作，以增强科技对产业发展的贡献度为目标，依托企业开展与生态高效科技农业相关的试点示范，推动企业成为科技创新和成果示范的主体。

2. 重视农业科技教育，发挥农业科研机构或高效科技支撑作用，建立产学研用一体化的农业发展模式

在"十三五"现代农业产业技术体系建设工作中，农业部设立了50个产业技术研发中心、299个功能研究室、1 252个综合试验站，聘请了50位首席科学家、1 370位岗位科学家和1 252名站长，依托现代农业产业技术体系加强对农业科技人才的培养。① 新中国成立以来，国家一直大力支持农业类科研院校和研究机构的发展，并将其作为农业科技发展的主要源泉和动力。农业高校和科研机构依托自身的师资、科研优势，在新型职业农民乃至整个社会中得到了广泛的专业认可，并且在新型职业农民培训中发挥积极的引领示范作用。除了对现有农业人才的培养以外，农业科技推广过程中还要充分发挥自身的生源优势，完善对现有农科类学生的培养方案，在培养课程中渗透更多农民职业化理念，增加农业创业教育，吸引更多掌握先进农业科技和理念的涉农专业毕业生回乡创业，为新型职业农民队伍培养更多潜在农民和未来农民。此外，农业高校拥有行业中先进的科研成果和科技信息，可以为新型职业农民培育提供项目支撑的同时，将更多的科学技术转化为生产力，推动农业产业化进程。

我国共设立了农林类大学102所，其中"985""211"高校有7所，他们在农业科技研发与技术推广方面发挥了十分重要的作用。为适应我国农业科技的发展，教育部在1999年批准设立了"农业推广硕士专业学位"，专注于农业科技型人才的培养，对提高我国农业应用研究水平和农业技术推广具有重要的推动作用（赛江涛，2008）。

3. 新型职业农民培训

随着我国农业政策的倾斜和现代农业发展的需要，新型农业经营主体日益成为农技推广服务的主要对象，依托现代农业产业技术体系来培养农业科技人员，成为当前农技推广工作的新形势。2012年中央一号文件《关于加快

① 《现代农业产业技术体系聘用人员名单（2017—2020年）》，中华人民共和国农业农村部。

推进农业科技创新持续增强农产品供给保障能力的若干意见》首次提出大力培育新型职业农民，重点面向种养大户、家庭农场主、农民合作社骨干、农业社会化服务人员和返乡涉农创业者，以提高生产经营能力和专业技能为目标，开展农业全产业链培训，促进农民创业兴业。2017 年 3 月，农业部发布了第一个有关职业农民发展的《"十三五"全国新型职业农民培育发展规划》。截至 2017 年底，全国新型职业农民总体规模突破 1 500 万人，是农业农村经济发展和农村人才振兴的突出重点。他们活跃在农业生产经营各领域，成为发展新产业新业态的先行者、应用新技术新装备的引领者、创办新型农业经营主体的实践者，是农业农村经济发展和农村人才振兴的突出亮点。

农业农村部依托新型职业农民培育工程，在全国 792 个贫困县组织实施农业产业精准扶贫培训计划，面向贫困人口围绕主导产业和特色产业开展专项技能培训，投入 5.4 亿元，培训农民达到 23.4 万人。目前，全国 1 096 个县市出台了新型职业农民扶持政策，基本形成了政府主导、各方共同参与的教育培训体系。2018 年中央财政继续安排补助资金 20 亿元，分层分类培育新型职业农民 100 万人以上。[1] 根据科技部的统计数据，为加速我国农业农村科技发展，着力解决地区间农业科技不平衡的问题，中央财政自 2014 年起，已经累计安排经费 11.8 亿元人民币，支持中西部 23 省区选派科技人员66 525 人，培养各类科技创新人员 9 743 人。[2] 通过这一系列的措施，让科技成果真正走出实验室，直接送到农民手中来提升农民的科技水平。

4. 壮大农技推广工作队伍，完善基层农技人员培训教育机制

农技推广队伍是三农工作队伍的组成部分，是促进农业科技创新和成果推广应用的重要力量。农技员承担着推广新技术、新农艺、新机械的任务，他们不仅是农业发展的支柱，还承担着传播先进文化和科学技术、提高农民劳动技能和创业能力的重要任务。截至目前，我国有 50 万农技员，但基层农技推广机构人员不足、专业人员短缺、知识更新缓慢等问题依然存在。2013年新修订的《中华人民共和国农业技术推广法》规定，国家农业技术推广机构的专业技术人员应当具有相应的专业技术水平，符合岗位职责要求。农技

---

① 王浩：《全国新型职业农民突破一千五百万人》，《人民日报》，2018 年 5 月 20 日 2 版，http://paper.people.com.cn/rmrb/html/2018 – 05/20/nw.D110000renmrb_20180520_7 – 02.htm。

② 方瓅：《科技部：2020 年农业科技进步贡献率预超 60%》，央视网，http://m.sohu.com/a/226748186_428290。

人员招聘和管理要参照《事业单位人事管理条例》进行公开招聘和管理，一方面要提高基层农技推广队伍的学习结构，另一方面探索建立基层农技人员补充长效机制，为基层农技推广储备人才。2018 年农业农村部（2018 年 3 月农业部职责整合，组建中华人民共和国农业农村部）印发《关于全面实施农技推广服务特聘计划的通知》，在全国贫困地区和其他有需要的地区全面实施农技推广服务特聘计划，培养一支精准服务产业需求、解决生产技术难题、带领贫困农户脱贫致富的服务力量。

与此同时，农业部会同教育部等部门不断完善扶持政策，加大对基层农技人员培训教育工作力度。农业部将农技人员业务能力提升作为基层农技推广体系改革与建设的重要内容：一是建立基层农技人员分层分级分类培训制度，通过异地研修、集中办班、现场实训、网络培训等方式，加强农业技术、政策法规、市场信息、质量安全、生态环保、金融保险等多领域知识技能培训，确保每年 1/3 以上的在编基层农技人员接受连续不少于 5 天的脱产业务培训，提高其专业技能和综合素质；二是①支持基层农技推广队伍中非专业人员、低学历人员等，通过脱产进修、在职研修等方式进行学历提升教育，补齐专业知识短板；三是②支持基层农技人员到新型经营主体蹲点实践，到现代农业产业技术体系试验站、岗位科学家所在单位学习技能。人力资源社会保障部会同有关部门自 2011 年起实施专业技术人员人才知识更新工程，基层农技人员培养培训是工程重点内容之一。教育部明确提出，地方政府可依据国家政策，组织基层农技人员到农业科研院校参加业务培训和继续教育。下一步，有关部门将继续加强基层农技人员能力建设，进一步增强其业务能力和学历层次，增强为农业服务能力和水平。

农业创新人才培养、实现科技创新、推动农村社会发展方面具有很大的优势，应该充分发挥其科教资源优势，培育新型职业农民是大学主动服务农业现代化建设的应有责任，也是发挥社会服务功能的重要途径。

5. 构建基层农业推广体系

为强化基层农技推广机构的公共性和公益性，我国构建了以国家农技推

---

① 《农业部办公厅关于做好 2017 年基层农技推广体系改革与建设有关工作的通知》，中华人民共和国农业农村部，http://www.moa.gov.cn/govpublic/KJJYS/201707/t20170704_5736029.htm。

② 《农技人员未来可通过提供增值服务获取合理收益啦!》，https://baijiahao.baidu.com/s?id=1579048173044720780&wfr=spider&for=pc。

广机构为主导、科研教学单位和社会化服务组织广泛参与的"一主多元"农技推广体系①，加速农业科学技术的推广应用效率，提升农业劳动生产水平。

6. 充分利用信息化手段，构建农业科技推广平台

依托互联网平台，我国的国家农业科教云平台在云计算、大数据和移动互联网技术的基础上，开发了中国农技推广和云上智农两个 App，实现专家、农技推广人员和职业农民互联互通。截至 2018 年 5 月，已经上线 140 万人，其中专家和农技推广人员 34 万人，职业农民 100 多万人。农技推广过程中，要加强农技推广信息平台建设，推动专家、农技人员和服务对象在线学习、互动交流，提高中国农技推广 App 在农技人员中的覆盖面和使用率。充分利用信息化手段，开展农技人员业务培训、项目绩效考评等，通过互联网、移动通信、广播电视等渠道，组织先进适用农业技术的推送，为广大农民和新型农业经营主体提供精准实施的指导服务。

---

① 《关于推进农业供给侧结构性改革的实施意见》中华人民共和国国家发展和改革委员会网站，http://www.ndrc.gov.cn/fzgggz/ncjj/nczc/201702/t20170207_837357.html。

第六章

农业生产资料及贸易
服务的支持政策分析

农业生产资料是农民生产成本的重要组成部分，是农民在农业生产过程中使用的劳动手段和劳动对象的总称。农业生产资料价格的波动，对农民收入具有极大影响。农业生产资料价格的上涨，会加大农民的资金投入、增加农民的负担、制约农民收入水平的增长、挫伤农民的生产积极性，而且对促进农业农村建设等方面将产生消极影响。由此，各国在其农业发展历程的不同发展阶段，会不同程度地实行农业生产资料价格补贴等支持政策，通过对低价销售农业生产资料的价差补助，保持这些农业生产资料低而稳定的价格，减弱农业生产预期的不稳定性和周期性波动而给农业产业发展带来的不利影响。

在农产品贸易方面，自 1970 年以来，全球农产品贸易额大幅度增加，进出口总额从 1970 年的 600 亿美元增长到 1997 年的 460 亿美元，直至 2010 年超过万亿美元。在全球农产品贸易的价格方面，1980~1990 年间，除香蕉以外的所有农产品贸易价格都呈下降走势，同期的糖、农业原料、饮料作物、谷物和肉类都下降了 50% 甚至更多。1988 年以后，这种下降的走势开始停止，并在之后都保持相对稳定的状态。与此同时，农业贸易在全球贸易中的份额从 1990 年的 12% 下降到 10% 以下。因此，各国政府为了维持本国农产品在全球贸易中的地位，保护本国农业产业稳定和发展而采取各种措施予以支持。

第一节 农业生产资料及贸易服务概况

一、农业生产资料支持

农业生产资料是特定于农林牧渔的生产过程中，由劳动者在劳动过程中所运用的，凝结了劳动者劳动价值的物质生产资料。农业生产资料品类繁多，包括化学肥料、化学农药、农用塑料薄膜、农用机械、传统中小农（牧）具、耕畜、柴油、种子等，是发展农业生产的重要物质基础，也是实现农业现代化、加快农业发展、提高农业生产力不可缺少的物质条件。农业生产资料支持，是指国家为增加农民收入、保障农业生产的持续性而对农业生产资料制造者和农民给予的补贴和支持。

农资综合补贴是指政府对农民购买农业生产资料（包括化肥、柴油、种子、农机）实行的一种直接补贴制度。中央和地方财政每年在综合考虑影响农民种粮成本、收益等变化因素的基础上，通过农资综合直补及各种补贴，来保证农民种粮收益的相对稳定，促进国家粮食安全。农资综合补贴的资金来源于粮食风险基金，并通过粮食风险基金专户下拨。

二、农业贸易服务支持

农业贸易，主要是指农产品的国际贸易，即农产品跨越独立的行政管理界限的流动，它既可以发生在主权国家之间，也可以发生在主权国家和独立关税区之间，还可以发生在两个分属不同主权国的地区之间。农产品国际贸易对于在更大范围内配置农业资源、提高资源配置效率、增加农产品有效供给、减缓国内农业资源和环境压力、推动农民增收和农业产业结构调整具有十分重要的作用。

1970 年以后，国际社会农产品贸易额大幅增长，但农业贸易在整体贸易中的份额却在下降。20 世纪 80 年代，几乎所有的农产品贸易价格都呈下降走势，直至 1988 年，农产品贸易价格开始保持相对稳定。但农业贸易保护主义趋势愈演愈烈。从关税及贸易总协定 GATT 诞生到 20 世纪 80 年代末，国际农产品贸易一直处于贸易自由化例外的地位，直至 WTO "乌拉圭回合" 多边贸易谈判中，农产品贸易被正式纳入谈判范围，直至 1993 年 12 月《农业协议》的签署，标志着国际农产品贸易不再是贸易自由化的例外领域。此后，各国在国内都对其农业政策进行了调整和变革，特别是在农产品对外贸易政策方面，各国必须要通过农业政策的调整来执行其加入世界贸易组织（WTO）的承诺。

WTO 视角下，"乌拉圭回合" 农业协议所确立的新的农产品贸易规则，使其成员方的农业政策趋同于一个共同的受 WTO 许可的模式，其基本特征是开放的市场准入和贸易中立性质的国内支持体系。为适应国际贸易环境的变化，20 世纪 90 年代，发达国家在农业政策方面进行了一系列的改革，其政策目标没有改变，对农业部门的总体支持水平也没有明显降低，而只是对农业保护体系的机构进行了重大调整。一方面弱化那些具有贸易扭曲效应的市场干预政策，主要是减少农业部门对价格支持的信赖；另一方面维持甚至加强了贸易中立性质的农业发展政策。对发展中国家而言，受到农产品贸易自由化的影响，各国也纷纷对农业政策进行了调整，多数国家在对农业部门进行市场化改革的同时加大了对农业的支持力度。各国对农业贸易采取的保护和支持措施主要表现在以下四个方面。

1. 关税手段

以对外国商品征收高额关税作为限制其进口的一种措施，即通过提高外国商品的成本来削弱其在国际市场的竞争能力，从而达到限制这些商品进口、保护本国产品在国际市场上竞争优势的目的。首先，从种类上来讲，关税手段包括从量关税、从价关税、关税税率、滑动关税等。其次，从关税税额方面讲，它涉及配额种类、汇兑管制、许可证、配额导致租金的产生等。最后，关税手段还包括使消费者与纳税者获益，并使生产者受损的出口税。

2. 非关税壁垒

非关税壁垒是指一国或地区在限制农产品进口方面采取的除关税以外的其他各种措施，是相对于关税而言的。这种措施可以通过国家法律、法令以及各种行政措施的形式来实现。具体包括进口数量限制、进口预付金、出口自主限制以及出口补贴等。

3. 非贸易壁垒

非贸易壁垒，是指并非由政府所推行的进口限制，具体包括质量标准、防疫规定、食品安全标准、卫生标准等。

4. 其他间接贸易保护措施

汇率管理、对商品的直接支付、市场支持、投入补贴及免税、长期投资援助等。

第二节 美国对农业生产资料及贸易服务的支持

一、美国对农业生产资料的支持政策

20 世纪 20 年代开始，美国农业面临严重的"生产过剩"危机。为缓和危机，美国政府采取了一系列的措施，包括对农产品的价格支持、限制主要农作物播种面积等。

（一）关于生产资料支持的法规文件

从 1945 年开始，联邦政府围绕对水土资源提供保护的需要，对资源开展调查，并定期发布国家资源情况报告，对土地利用/植被覆盖情况变化、土壤侵蚀情况以及湿地变化等进行检测，特别是有关土地调查与监测标准、农用地评价等农地保护的内容，成为联邦政府报告的重要组成部分。

1981 年联邦政府发布了《联邦农地保护政策法》。该法案是为了尽可能确保联邦计划与州、地方政府以及私人计划和政策中关于农地保护方面的政策相互协调，将联邦计划对农地范围和使用的影响降到最低，进而保护基本农田、特殊农地以及州或地方的农地等。依据该法案，联邦机构在这一阶段主要提供了包括土地收购或处置、融资贷款、管理资产以及技术援助等方面的帮助，在州公路建设、机场扩建、电力合作、铁路建设、水库和水电等方面的具体资助项目。同时，政府采取措施将联邦计划导致土地的不必要和不可逆转为非农用途的影响降到最低。

与此同时，联邦各州在其州宪法、法典、管理条例等不同的法律法规中，都对农地保护、农机具支持补贴、种子、化肥农药等作出了规定。

（二）关于农业生产资料保护的机构

联邦各州围绕农地保护、自然资源的恢复和管理以及基础设施等方面的

保护，设置了不同的机构和部门。

自19世纪初开始，美国政府推行农业组织技术推广制度开始，在各地推广员的指导和帮助下，美国成立了各种农场合作社，并在农业部设立合作销售处（农业合作管理局），在农产品销售、物资供应、生产加工、新技术服务等方面推动农业及农机服务社会化的发展。

1933年美国内政部为保护农地设置了土壤侵蚀局，1935年依据《公共政策法》成立了土壤保护局，1994年改为联邦自然资源保护局，并设置联邦中心、各州办公室及地方中心等相关机构，下辖东北、东南、中部和西部四个区域资源保护局。这些机构的主要任务是从联邦层面提供指导及技术援助，并强调自愿和科学保护、建立伙伴关系、建立激励计划并合作解决社区尺度的难题，协助土地拥有者保护、保持和改善自然资源。

（三）美国政府对农业生产资料支持的具体措施

根据WTO规则的要求，农业生产资料的补贴属于"黄箱"政策，它扭曲了农产品的价格，因此WTO并不鼓励各国使用。但是在各国农业发展的过程中，特别是美国政府在其在贸易实践中，为了保持其农业竞争力，一直为农业生产物资提供巨额补贴，包括燃油补贴、农药补贴、化肥补贴等。2016年，美国的农业补贴金额达到600亿美元，其中90%以上集中在小麦、大豆、玉米、大麦和棉花等农作物上。

二、美国对农业贸易服务的支持政策

（一）美国农业贸易支持政策的发展历程

经常性产品的严重过剩是美国农产品最大的特征之一，这就使得它的农业贸易政策上严重依赖海外市场。特别是为了鼓励农产品出口，美国政府制定了一系列旨在扩大出口的政策措施，包括出口农产品价格补贴、扩大出口需求计划、增加出口机会计划等。

从20世纪20年代开始，为应对严重的美国农业生产过剩危机，美国政府采取了加强国家出口津贴、降低农产品价格向国外倾销产品等办法。特别是第一次世界大战后，美国通过各种"美援"计划增加供货等方式大幅度的增加农产品出口，减少积存的"剩余"农产品。1954年农业法案是美国政府授权向国外提供剩余物资的主要法律。它的主要目的是增加美国农产品在国外的消费，改善美国的对外关系。该法案合并和延长了当时有效的几个关于剩余农产品的授权法案，并将他们用于对外政策的目的。从该法案生效起，至1958年6月止，美国政府为补贴农产品出口而支付的财政拨款达48亿美元。由于广泛采用倾销手段，美国1958年农产品出口占其海外输出总额的21%，美国政府通过这些措施将其日益发展的农业"生产过剩"危机，进一步转嫁到其他国家人民身上。

1985年5月15日，为了进一步扩大美国在国际农产品市场的份额，美国政府对外公布了出口促进计划，并将其纳入了1985年《食品安全法》和《综合贸易法案》，将扩大农产品出口，以削减政府财政赤字，并缓解经济危机以法律的形式固定下来。在这个过程中，美国政府借助出口促进计划对农产品出口商提供补贴，以弥补他们向指定的目标市场出口农产品时，因国内价格与国际价格的差额，或因与其他出口国竞争时所产生的损失。从1985年的出口促进计划开始，大量剩余农产品进入国际市场，美国的农产品出口状况连年改善，农业生产过剩的状况也逐渐好转。

美国对农产品出口的补贴，主要包括出口信贷担保和出口扩大计划。其中，出口信贷担保覆盖面广，涉及资金范围大，是美国农产品出口补贴的最主要形式之一。为增加出口机会，美国政府特别为该种信贷提供信贷总额98%的担保。出口扩大计划具有明显的价格支持作用，通过给予财政补贴，来支持农产品出口。

与出口补贴相对应的是，美国政府采取了一系列措施，控制外国农产品对本国市场的冲击。比如，利用关贸总协定的相关进口限制免除条款，采取措施促进出口、限制进口和垄断农产品贸易。从政治过程的层面上看，美国试图通过国际农业贸易体制的自由化改革，来推动与贸易政策密切相关的国内农业支持政策的市场化改革，进而达到提高国内对本国农产品强力需求的目的。

（二）美国政府的贸易支持措施

第一，为支持农产品价格，保护本国农场主的利益，美国采取了一系列措施控制市场供应量、限制外国农产品、特别是本国能够大量生产的农产品的进口，以保护本国市场。主要措施有：

（1）关税和进口配额。20 世纪 20 年代后，农产品进口数量的增加，出口数量的减少，导致美国农产品价格低落。1921 年，国会通过了紧急关税法，提高了小麦、玉米等农产品的进口税率。1922 年又通过了《福德尼麦坎伯关税法》，对来自国外的农产品实行高关税率。[①] 1934 年起，美国同其他国家订立贸易协定，实行互惠关税，逐步降低了工业品关税税率，但农产品关税却一直居高不下（吴大伟，2012）。

1935 年农业调整计划规定，政府有权对农产品实行进口限额。此后，政府在修订农业法案的过程中，都对农产品的限额作出了规定，一直到 20 世纪 80 年代后，包括花生、食糖、烟草和某些奶制品在内的各种农产品，依然受关税配额限制。2000 年，配额内最惠国关税的平均税率为 9%，配额外税率平均为 53%，而最高的税率达 350%。[②] 2007 年美国对从最惠国进口的农产品征收的平均关税为 8.9%，是非农部门保护水平的 2 倍多。2007 年最惠国配额外的平均关税为 42%；配额内的关税平均为 9.1%。[③]

（2）非关税和配额措施。除了关税以外，美国更多地运用了卫生检疫、商品包装和标签等措施来限制进口。美国规定了部分农产品的进口许可证制度，以及卫生和植物检疫要求，如《联邦食品、药品及化妆品法》规定，任何国家或地区输往美国的食品、饮料等都必须符合美国的标准和要求，对那些不符合进口货物食品药物管理局检验规定的货物，海关有权扣留和销毁，或按规定期限退回进口国。这些措施在一定程度上增加了农产品进口的成本，限制了正常进口。

（3）技术性贸易壁垒。由于美国农产品 30% 以上都依赖于出口，所以美国农产品出口一开始便着眼于全球市场。但对于进口到美国的农产品及其加工制品的进口，美国通过严格的技术法规、标准、强制性认证和合格检验来强化对进口农产品的技术性贸易限制。1973 年美国食品与药品管理局首次将"危害分析及关键点控制"应用于罐头食品加工中，其根本目的

① 《80 年前的中美货币战争：美国〈白银法案〉》，观察者网，https：//www.guancha.cn/Finance/2011_12_15_63124.shtml。

② 《美国贸易政策评估报告》，中华人民共和国商务部世界贸易组织司，http：//sms.mofcom.gov.cn/article/ztxx/200401/20040100170752.shtml。

③ 中华人民共和国商务部：《国别贸易投资环境报告》，上海人民出版社出版 2012 年版。

是确保从食品原料到最后消费整个食物链过程的安全卫生。1995 年《加工和进口水产品安全卫生程序》规定，凡出口美国的水产品，其生产加工企业都必须实施危害分析的临界控制点（HACCP）体系，并在美国官方机构注册。

第二，扩大出口。为鼓励农产品出口，美国政府制定了一系列旨在扩大出口的政策措施。主要包括出口农产品价格补贴、扩大出口需求计划、增加出口机会计划等方面的内容。为增加出口机会，美国政府特别为该种贷款提供信贷总额 98% 的担保。

美国按照 WTO 农业协议的规定，履行了减少部分产品出口补贴的承诺。从 2000～2001 年间，这些商品每年的出口补贴支付的约束最高限额为 5.94 亿美元（朱颖，2007）。2002 年的《农业法》曾要求农业部制定一项农业外贸长期战略，明确美国农产品出口增长的机会，确保不同部门的资源、项目和政策相互协调（杨志，2005）。

第三，控制贸易。美国政府利用关贸总协定的相关进口限制免除条款，对进口总量进行限制，控制外国农产品的进入，从而达到国内对本国农产品强力需求的目的。

第四，经济援助。长期以来，美国对发展中国家提供了各种不同性质的经济援助，其中食品援助是主要方面（杜明奎，2011）。即美国农产品以信贷或者赠予的方式出售给发展中国家的一种政府对政府的特许销售。主要包括两种方式：一种是将美国农产品捐赠给需要食物的国家；另一种是将美国农产品捐赠给那些最不发达国家的政府，受援国通过出售获赠的农产品来支持本国经济发展。这一方面解决了大多数发展中国家普遍面临的食品短缺困境，另一方面也缓解了国内农产品剩余的矛盾，起到了保护本国农业的效果。

第三节　欧盟对农业生产资料及贸易服务的支持

一、欧盟对农业生产资料的支持政策

欧盟规定凡购置大型农业机械、土地改良、兴修水利等，欧盟提供 25%

的资金，其余75%由本国自己解决。欧盟在2003年7月10日公布的欧盟共同农业政策中期评估报告中提出了所谓的以农业综合发展取代贸易保护主义的改革方案。根据方案，今后欧盟对农民的直接收入补贴将不再与产量挂钩，而是将获得补贴的条件与环境、食品安全、动物福利等标准相联系，并通过对小农户免税等补贴措施增加对偏远地区农业发展的支持。

欧盟对农业生产资料的非价格支持包括储藏补贴、不足补贴（油籽）和生产保险（牛肉和羊肉），以及水利建设，研究与发展计划，退耕还林计划等社会结构政策工具。

二、欧盟对农业贸易服务的支持政策

欧盟关于农业贸易服务政策主要是在共同农业政策的框架内决定的，属于该政策的一部分，受该政策的支配，而不是受欧盟贸易政策的支配。欧盟关于农业贸易的基本政策基调是高度贸易保护的。这是由共同农业政策的一项基本原则——"共同体优惠"原则决定的。从该原则出发，欧盟对其农业和农产品市场进行了高度的贸易保护，而实现此等保护的基本制度就是进口农产品的差价税制度和对出口农产品的出口补贴制度（白英瑞，2002）。

（一）欧盟农业贸易服务政策的形成和演变

1. 1958年《罗马条约》中的农业条款

1958年1月1日生效的《罗马条约》，阐述了欧盟共同农业政策的基本原则。这些原则被成员国所认可和接受，成为共同农业政策不可动摇的基本方针。欧盟农产品国际贸易政策是通过实行共同农业政策实现的，共同农业政策是欧洲经济联盟的一块重要基石。农业政策从1958年欧洲经济联盟的前身欧洲经济共同体建立时就具有共同性质。成员国经过多次磋商，在平衡各方利益基础上，于1962年制定并实施了共同农业政策。欧盟农产品国际贸易政策主要手段是进口限额、征收非固定进口农产品税和出口补贴。国内政策工具是市场价格干预，剩余收购等。与农业和农村地区的发展密切相关的结构和社会政策主要由成员国分别负责。欧盟共同农业政策的目标是通过促进技术进步提高农业生产力、保障农村社区有一个公平的生活水准、稳定市场、保证供给的可得性以及保证消费者以合理的价格水平得到粮食供给。

2. 1962 年的农产品国际贸易政策

自 1962 年欧盟建立并实施共同农业政策以来，为了抵御外来农产品竞争，发展欧盟的农业生产，稳定农产品价格。欧盟制定进口可变税和出口补贴的口岸政策。实施统一的农产品价格和财政预算体制，由各成员国交纳一定的费用建立欧盟农业指导金和保证基金，进行补贴支持欧盟农业的发展，实行市场干预，形成了以进口可变税为特征的口岸政策和欧盟内的以补贴为特征的共同农业政策。欧盟所制定的主要农业目标已经达到。欧盟各成员国实现了食品自给有余，确保了农业人口生活稳定，保证了以合理价格向消费者提供食品，稳定了食品市场等。

在欧盟农产品进口和农业补贴国际贸易政策保护下，欧盟农产品国际竞争能力有了较大提高，从建立初期的农产品净进口转变为净出口，成为世界主要农产品出口区，与美国、加拿大、澳大利亚等国竞争激烈。这些农产品出口大国，给欧盟施加了很大压力，要求降低进口税和削减农产品补贴。美国为了消除欧盟出口补贴政策的影响，实施了有针对性的出口补贴措施，达到了减弱欧盟农产品出口补贴的效果。1988 年欧盟开始启用预算稳定机制，对大多数农产品实行最大保证数量，超过最大保证数量部分，将自动实行价格调整机制。1962 年的共同农业政策改革，还包括自愿休耕、粗放经营、多样化经营等，以调整农产品国际贸易的供求关系。

3. 1992 年欧盟农产品国际贸易政策改革

20 世纪 60 年代以前，农产品一直被作为初级产品而未被有效地列入关贸总协定"自由贸易体系"。60 年代中期，随着欧洲农产品共同市场的建成，欧盟农业生产率上升，自给率提高，出口量增加。而共同农业政策从一开始就表现出浓厚的贸易保护主义色彩。"肯尼迪回合"和"东京回合"期间，美国曾试图要对农产品大幅度减税，提高农产品贸易自由化，但都因遭到欧盟的抵制而最终收效甚微。

进入 20 世纪 80 年代以后美国、欧盟贸易战愈演愈烈，在竞争激烈的农产品市场，美欧政府给予农业的生产补贴和出口补贴不仅造成两败俱伤，而且还损害了其他农产品出口国与地区的利益，世界农产品市场的紊乱、分歧，充满火药味的竞争触发了乌拉圭回合农产品贸易谈判。

农产品贸易谈判是乌拉圭回合中最为艰难的，经过 8 年的艰难谈判，在美国与凯恩斯集团的压力下，欧盟不得不在农产品贸易协定上作出承诺。为履行乌拉圭回合承诺，欧盟内部达成共识，开始了 1992 年的共同农业政策改革。

1992 年是欧盟农产品国际贸易政策改革一个重要转折点。这一年 5 月麦克萨里（MacSharry）提出了一个基础性的改革，各成员国接受了以麦克萨里农业改革计划精神为基础地从价格支持转为直接收入支持的改革方案，其目的在于提高农产品国际竞争力；鼓励实行粗放经营；非农化利用耕地；减少农产品产量；实行提前退休制度；促进青年农民安置；减少对农业环境的影响；优先发展落后地区经济，逐步消除地区间的不平等。主要内容是降低谷物和牛肉的生产者支持价格，在生产投入如耕种土地面积的减少和牲畜饲养数量的减少的条件下对生产者进行补偿支付，欧盟所采取的改革方案主要包括：

（1）减少农产品补贴对象并降低补贴幅度。削减主要农产品的支持价格，使欧盟内部价格更接近市场价格。例如，谷物的支持价格下降 29%，牛肉下降 15%，乳制品下降 5%。

（2）采用直接支付方式。对于目标价格下降所引起的农民收入损失，采取直接补贴方式给予补偿。实行与产量脱钩的直接支付方式，欧盟的收入政策目标不再通过支持价格来实现，而是通过直接收入转移机制来实现。

（3）导入生产结构调整计划。土地留置退出生产，欧盟必须向农民支付补偿金，退出生产的土地至少为轮作土地面积的 15%。

（4）提倡粗放式经营方式，对此次改革受到影响的农户提供财政补贴。

这次改革是欧盟最为激烈的一次改革，但从改革后欧盟的农业预算支出看，绝对水平并未减少，只是增长速度有所下降，如图 6 - 1 所示，欧盟农业预算从 1991 年的 345.4 亿欧元上升到 1995 年的 399.5 亿欧元，农业预算增长速度 3.8%，慢于总预算的增长速度 9.2%。

4.《乌拉圭回合农业协议》及欧盟共同农业政策改革

《乌拉圭回合农业协议》及其影响在关贸总协定多边贸易体制下，由于国际农产品贸易被长期置于 GATT 纪律有效约束的框架之下，国际市场被严重扭曲，农业保护主义愈演愈烈。发达国家特别是美欧两大农业贸易国，利用总协定的体制缺陷，极力推行农业支持和干预政策，造成农产品结构严重失衡和过量生产，而为缓解库存压力，处理剩余产品，又采取巨额出口补贴向国际市场倾销农产品，以致 20 世纪 80 年代初以来，国际农业贸易冲突不断

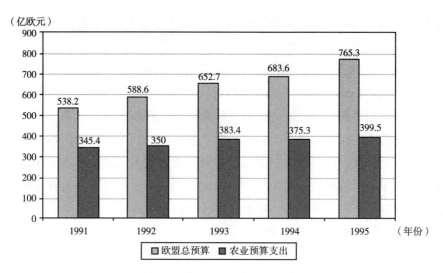

图6－1　欧盟总预算与农业预算支出的变化情况

资料来源：European Economy, No. 2, 1999, p16。

升级，严重扭曲了国际农产品市场，同时也增加了发达国家的消费者及纳税者的负担，对发达国家的宏观经济也产生了严重的不利影响。正是由于这些因素的影响，乌拉圭回合谈判才把农业贸易体制与贸易政策的改革置于中心地位，同时也得到了一些不堪忍受农业预算压力重负的发达国家的响应和支持，但农业多边贸易体制的改革却困难重重。多边贸易谈判实际上被几个主要农业贸易国（美欧）的利益冲突所左右。美欧两大谈判方经过多次艰苦谈判，终于互相作出让步。于1992年11月20日达成了《布莱尔大厦协议》，并在此基础上，各谈判方终于在1993年12月15日签署了《乌拉圭回合农业协议》。

《乌拉圭回合农业协议》（以下简称《农业协议》）包括了世界上主要的粮农产品（不包括橡胶、黄麻、剑麻及其纤维产品和渔产品、林产品），主要涉及4个领域，即市场准入、出口补贴、国内支持、卫生和动植物检疫，并规定从1995年1月2日开始生效，发达国家中的承诺应至2000年止的6年完成，发展中国家的承诺应至2004年止的10年完成。《农业协议》的主要内容包括：

（1）市场准入。《农业协议》规定各成员国必须将非关税壁垒转化成关税，也就是取消配额、浮动关税、最低进口价格限制以及各类限制性协议等非关税壁垒措施，代之以从价税和从量税；削减现有关税水平（以 1986～1988 年为基期，发达国家在 6 年内平均削减 36% 的关税，发展中国家在 10 年内平均削减 24% 的关税）；对进行关税化的商品保持目前的进口准入量，如果基期的进口不是国内消费的 5%，则应承诺建立最低进口准入机会。

（2）出口补贴。《农业协议》要求成员国承诺削减其补贴出口的数量与预算开支，以 1986～1990 年为基期，发达国家在 6 年内，将有补贴的农产品出口数量减少 21%，出口补贴预算开支削减 36%；发展中国家在 10 年内，将有补贴的农产品出口数量减少 10%，出口补贴预算开支削减 24%；对在基期没有进行出口补贴的农产品，则禁止在今后对该产品实施出口补贴。

（3）国内支持。《农业协议》根据对国际贸易和市场机制的作用及其态度将农业财政政策划分为"黄箱"政策、"蓝箱"政策和"绿箱"政策，分别表示限制、有限限制和允许三种指令（鲁得钧，2003）。"绿箱政策"中的措施不针对具体产品和价格，对产量和价格影响不大，能在不扭曲市场机制的条件下间接减少农产品成本，培育和完善市场体系，对促进农业的持续发展有积极作用，因而几乎为所有成员国所赞同。"黄箱政策"是指对贸易产生严重和比较严重扭曲的国内支持政策。包括价格补贴、营销贷款及其补贴计划等措施。由于它严重扭曲甚至替代了市场机制，因而为 WTO 所禁止或限制。"蓝箱政策"是指政府为限制产量给农民以财政补贴，包括限产补贴和农民收入直接支持，是作为一种过渡性的政策安排，由于"蓝箱政策"的设计是通过休闲资源来减少产量和提高价格，在本质上是背离市场导向的，从乌拉圭《农业协议》看，农业保护的空间越来越小。乌拉圭关贸总协定朝着有序公平竞争迈出重要的一步，使农产品贸易回归自由贸易的轨道中。

（4）卫生及植物检疫。《农业协议》规定允许各国采取正常的以保护人类健康、动植物生命安全及其生长为目的的措施；但这些措施不应构成不公正的歧视，从而造成隐蔽性对农产品国际贸易的限制；所采用的检验措施和依据原则应以国际标准、准则和建议为基础。并以科学的依据为标准，而且这样的科学标准应该不断进步；各国可以实施或高于国际标准、指南和建议的措施，但这些措施必须以科学为依据。各国应尽可能参与相关的国际组织及其附属机构，如国际营养标准委员会、流行病国际局及国际植物保护公约。

总的来说，乌拉圭回合农业谈判规定的新规则将对国际农产品贸易产生深刻影响，新规则在增强农产品贸易的稳定性，减少贸易摩擦以及实现农产品贸易自由方面迈出了重要一步。新的农业协议将会对农产品贸易产生影响，一般来看，由于协议导致发达国家削减国内生产与出口补贴，将逐步纠正被扭曲的世界市场价格，从而引起价格的普遍上涨，而农业贸易自由化将促进按比较利益来配置世界农业资源。具体来讲，这可能导致过去保护水平高的发达国家将让出一部分世界市场给保护水平较低的发达国家以及广大发展中国家，世界粮食贸易格局有可能发生一定程度的变化。此外，协议还能逐步增强国际粮食市场的稳定性，从而在一定程度上改善世界农产品贸易格局。1992 年底，欧盟又与美国达成了农产品贸易自由化协议。

5. "2000 年议程"农产品国际贸易政策的改革

乌拉圭回合结束以来，欧盟基本上履行了承诺，尤其是市场准入和控制国内总支持额的承诺履行得较好。但是，欧盟共同农业政策对乌拉圭回合承诺的回旋余地已越来越小。

"2000 年议程"出台的背景。（1）在消除国际贸易壁垒方面，欧盟对"乌拉圭回合"的承诺是在 6 年内将关税降低 36%，而根据传统比率，谷物的入门价格最高不超过干预价格的 155%，即进口谷物的税后价格最高不超过干预价格的 155%。这样，1992 年以来随着干预价格与关税的同时降低，欧盟的回旋余地也不多了。在 20 世纪 90 年代中期，小麦的最高关税承诺与实际关税之间还有明显的回旋余地，但随着干预价格的进一步降低，到 2000 年，如果世界小麦价格低于 1998 年的水平，欧盟已不能依靠关税来保护内部市场了。

（2）就出口补贴而言，在"乌拉圭回合"谈判中，美国曾要求在 10 年内全部取消出口补贴，但遭到欧盟抵制。如今随着干预价格和关税的下降，如果世界黄油价格低于 1998 年的水平，到 2000 年欧盟黄油关税已低于黄油出口补贴，如果这样发展下去欧盟农民则可接受高额补贴出口后，再付出相对较低的关税返销欧盟市场，出现所谓"环型贸易"（circular trade），从而破坏欧盟对内部市场的管理。

（3）就欧盟对农业的支持而言，根据多边农产品贸易协定，协议允许各成员向国内农业生产者提供这种黄色支持补贴，但必须谨慎使用。1995 ~ 1996 年度，欧盟农业总支持最高承诺额为 789 亿欧元，而实际内部总支持额只有 475 亿欧元。可是，如果将欧盟对农民现有的直接支持也计入总支持额的话，欧盟对农业的总支持额早已超出了承诺。根据美国《1996 年农业法案》，美国正在试图消除各种扭曲贸易的农业支持。"黄色"补贴和欧盟对农民的直接支付都可能受到挑战。因此欧盟不得不在 21 世纪初对共同农业政策进行彻底的改革。"欧洲农业模式"把对农民的直接补偿性支付形式逐步由生产控制型向服务型转移，正是将"黄色"补贴和"蓝色"补贴转变为"绿色"补贴的行动计划。

此外，"2000 年议程"对 2000～2006 年谷物、油料作物奶及奶制品等农产品的支持规定了补贴的标准，并且制定了相应的措施。

（二）欧盟农产品贸易政策体系与主要内容

欧盟对其农业和农产品市场进行高度的贸易保护，在共同农业政策框架下的欧盟农产品贸易政策的基本结构可以分为三部分：（1）支持价格，确保外国产品进口不会降低国内支持的价格水平；（2）出口补贴，提供各种出口补贴或"补偿"，以弥补国内市场价格和非共同体国家出口所付价格之差额，从而增强欧盟农产品在世界市场上的竞争能力；（3）干预价格，欧盟市场内部保护政策也是欧盟农业政策不可缺少的一部分，即干预性收购，由政府或半官方机构按保证价格收购某些农产品，以防止市场价格下跌到低于其确定的干预价格水平。

1. 价格支持

从 1962 年到 21 世纪初，实行高于世界市场价格的内部市场价格支持政策，一直是欧盟共同农业政策的核心。价格支持政策的主要工具是目标价格、门槛价格和干预价格。

目标价格作为最高限价，是依据某种农产品在欧盟内部最稀缺的地区或供不应求地区所形成的市场价格而定，包括储藏费和运输费，目标价格由于地区不同和运费不同而变化，是欧盟农业生产者的指导价格，同时又是生产者价格浮动的最高限度。

门槛价格是对欧盟外部的第三国或地区设立的，是外部农产品到达共同体港口（以鹿特丹为标准）时必须达到的最低价格。对于抵达共同体港口的进口农产品低于门槛价格的，就征收差价税。进口差价税的计算方法对于不同的产品有所不同。以谷物的进口差价税为例。欧盟委员会根据各类谷物的目标价格（共同体市场与谷物的上限价格）逐月计算门槛价格，它等于目标价格减去从荷兰的鹿特丹到德国的杜伊斯堡的运费，并以世界市场谷物的最低价格作为谷物在鹿特丹的到岸价格。门槛价格与到岸价格之间的差价，就是谷物的进口差价税。欧盟每天都公布进口差价税，差价税要在实际进口粮食之前确定，有效期为 45 天，由于市场价格和汇率的变化，进口差价税也在不断变化，从百分之几十到几倍不等。

由于欧盟农产品价格大多高于世界市场的价格水平，欧盟主要通过征收"进口差价税"，并辅之以正常的关税和配额限制，将国内价格维持在一个较高的水平，保护共同体内部生产者的利益。

首先，农产品高价格吸引着劳动、资本和土地等资源流入农业生产部门。其次，农产品高价格提高了对有助于农业产量增长的新技术的需求，从而诱导更为密集的农业研究的投入。毫无疑问，在价格支持下，欧盟农业总产值的增长和粮食安全目标得到了实现。

根据《柏林协定》的规定，2000～2006 年新的共同农业政策安排的财政预算支出，平均每年将达到 405 亿欧元，七年总计安排资金为 2 835 亿欧元，用于共同农业政策的各项措施，包括相关的辅助措施。此外，再追加 140 亿欧元，用于农村发展和兽医植物防疫措施（王锐，2007）。

2. 出口补贴

除了进口差价税以外，欧盟对农产品提供外部保护的另一种方式为出口补贴。在欧盟农业保护政策的刺激下，成员国农业发展很快，一些农产品不仅满足自给，而且出现了大量剩余。欧盟处理剩余农产品的方法有储备、刺激消费及在国际市场上销售。其中运用出口补贴政策在国际市场上倾销剩余农产品是造成当前农产品贸易严重扭曲的重要因素。在欧盟农业保护政策刺激下增长起来的农产品成本高，缺乏竞争力，对此，欧盟运用出口补贴政策在国际上销售这些过剩的农产品。出口补贴的计算，依不同农产品而有差异，一般受世界市场价格、可供出口的数量、价格趋势等因素的影响，有两种具体的方式：（1）由欧盟委员会比较特定农产品的主要出口国家的出口价格与欧盟主要出口口岸的离岸价格，以其差价作为当日或若干天的出口补贴额；（2）采用招标方式由欧盟委员会决定。例如，谷物的出口补贴是以法国里昂的离岸价格与世界市场的平均价格之间的差价为依据发放的；食糖的出口补贴是以招标的方式竞争决定。

欧盟对主要农产品进行出口补贴，使国际市场价格大大低于生产者价格。以粮食为例，出口补贴是欧盟对粮食部门预算援助的最大项目，约占总预算的 60%，1989 年高达 81%，1992 年为 61.4%，其他主要农产品也是如此。

3. 干预价格

干预价格也称为保护价格，这是农产品价格下浮的最低限度，当市场价格下降到干预价格时，市场管理组织将以该价格收购农产品，或者生产者在市场上出售农产品后从欧盟设在各成员国的干预中心领取市场价格与干预价格的差价补贴。享受干预价格的农产品，其品种、规格和生产限额由欧盟统一规定，费用由共同农业基金提供。干预价格可以保证农民收回生产成本并获得微利，稳定和支持了农民收入。

4. 直接收入补贴

1992 年共同农业政策改革，将价格支持转变为直接收入补贴。对因干预价格的降低所引起的农民收入损失，欧盟以历史情况为基础，分行业对损失予以补偿。

（1）种植业。对种植业实行补贴是欧盟的一贯做法。2000 年议程决定，对以往种植业补贴的具体做法进行修改。

（2）畜牧业。畜牧业将原与产量挂钩的价格补贴改为与产量脱钩、而与饲料面积挂钩的直接收入补贴。

此外，欧盟农产品贸易保护政策对世界农产品贸易也产生了重大影响。有资料表明，自 20 世纪 80 年代开始，欧盟由谷物进口国变为谷物出口国，农产品出口份额增加，进口份额减少。例如，欧盟的家禽肉、小麦、食糖等农产品的出口额有不同程度的扩大，与此同时，欧盟则减少对许多农产品（如牛肉、猪肉、大米、玉米、大豆、棉花、食糖）的进口，其中，欧盟比自由贸易时要少进口 88.68% 的牛肉、98.1% 的大米、7.3% 的大豆及 16.3% 的食糖；比自由贸易时多出口 142.4% 的禽肉及 0.21% 的小麦。而与此相反的是其他保护水平较低的澳大利亚、新西兰以及发展中国家则深受农业保护的危害，大部分有比较优势的农产品出口萎缩、进口增加。以发展中国家为例（如阿根廷、泰国），其农产品出口比实行自由贸易时均有不同程度的减少。如其牛肉出口减少 83.34%，大米出口减少 4.42%，食糖出口减少 2.2%；同时在世界低价的影响下，扩大对某些农产品的进口，如对牛肉的进口比自由贸易时增加 4 倍多。对小麦、玉米、大米、大豆的进口分别增加：0.04%，0.19%，3.77%，0.6%。与此同时，欧盟也为此付出了巨额的农业保护政策代价，以 1986 年为例，欧盟遭受巨额福利损失达 140 亿美元，这个数字在发达国家中是最高的（其中欧盟的生产者得到了 227 亿美元的福利，消费者蒙受了 212 亿美元的损失，政府开支增加了 156 亿美元）。可以说保护程度越高的国家（地区），其所受的福利损失越大。

第四节　中国对农业生产资料及贸易服务的支持

一、我国对农业生产资料的支持政策

农业生产资料是农业生产的源头，农业发展中起着十分重要的作用。自新中国成立以来，我国政府采取各种措施，加强对农业生产资料的支持。

（一）农资支持政策的发展历程

我国对农业生产资料的支持和保护，因经济发展水平和阶段的不同而导致具体的措施也有差别：

第一阶段是新中国成立后至改革开放前。这一时期，国家对农业支持的目的主要是为了恢复农业生产。在生产资料方面，国家对农业生产资料实行低价销售，生产企业亏损由财政补贴，发展农用工业，促进先进生产资料的使用。20 世纪 50 年代，国家对国营拖拉机站实施机耕定额亏损补贴；1950～1978 年期间，七次调低化肥出厂价格，六次调低农药出厂价格；农机产品降价幅度超过 40%，农用柴油、薄膜也多次降价。

第二阶段是改革开放后至 20 世纪 80 年代末。国家在农业生产资料的管理上，仍然采用的是计划手段。1978 年国家对农资的价格补贴达到 23.9 亿元，占各种物价补贴的 1/4。1979 年，政府规定对农用工业在降低成本的基础上，逐步降低出厂价格和销售价格，"把降低成本的好处让给农民"。1985 年随着化肥、农膜等农资实行双轨制，农资经营渠道多元化，导致了农资价格大幅上涨，并出现了农民购买平价化肥较难的情况。1986 年中央一号文件《关于 1986 年农村工作的部署》要求稳定农用生产资料销售价格，继续对农用生产资料进行补贴，对有困难的小化肥厂减免税收以降低化肥销价。1987 年为减轻大幅提高农资订购价引起的订购难度，且给予农民一定的经济补偿，全国实行了合同定购粮食与供应平价化肥、柴油及预订金挂钩的三挂钩政策、生产资料最高限价政策和农资专营政策。其中，生产资料的最高限价政策是从 1993 年开始实施的，主要内容是：计划内农业生产资料要严格执行国家定价，各地为支持农业生产，在价格、税收、贷款上采取的优惠政策继续执行，有条件的地区可适当增加；为防止农业生产资料价格上涨，对化肥、农药、农膜、柴油等实行计划外最高限价；生产企业执行现价发生的亏损，按企业隶属关系由财政部门通过减免税收或财政补贴等政策来解决。农业生产资料专营政策，主要内容是化肥销售渠道实行以各级农资公司和基层供销社为主，县以下三站、化肥企业自销为辅的政策，其他单位和个人一律不得经营化肥，并将农资价格全部纳入国家管理渠道。这类政策是政府通过财政的直接支出来保障农业生产和农民的基本生活，给予农业生产者和经营者直接的利益补偿。

第三阶段是 20 世纪 90 年代至农业税的取消。进入 90 年代后，国家在农业生产资料方面的支持数额明显增大，平均每年 20 亿元左右。在这一阶段，国家要求对计划内农业生产资料严格执行国家定价，对化肥、农药、农膜、农用柴油实行计划外最高限价。2005 年 3 月 5 日，政府宣布比预期计划提前两年，于 2006 年全面免除农业税，大大减轻了农民的负担。

第四阶段是 2004 年至今的支持农业新时期。为支持粮食主产区发展粮食产业，促进种粮农民增收，2004 年中央一号文件《关于促进农民增加收入若干政策的意见》提出使用粮食风险基金中的部分资金来对主产区种粮农民提供直接补贴。同时，根据中央一号文件要求，设立农业机械购置补贴和良种补贴，并在 2006 年以国家油价上涨、柴油配套调价为契机，综合考虑柴油、化肥、农药等生产资料上涨对种粮生产成本的影响，增加了农业生产资料综合直补。2016 年，在前一年五省试点的基础上，国家又将种粮直补、良种补贴、农资综合补贴三补合一为农业支持保护补贴。

（二）主要农业生产资料补贴的政策内容

1. 农资综合补贴

自 2004 年开始，国家先后实施了包括农资综合补贴在内的农业"三项补贴"。2006 年中央一号文件《中共中央　国务院关于推进社会主义新农村建设的若干意见》（以下简称《意见》）规定，国家正式开始实行农资综合补贴政策。农资综合补贴，是指统筹考虑油料、化肥等农业生产资料价格变动对农民种粮增收的影响，由政府对种粮农民给予适当补助，以有效保护农民种粮收益、调动农民种粮积极性，促进粮食增产。农资综合补贴是公共财政政策的重要组成部分，是国民的二次分配和国家财政的转移支付，它是中国农业补贴的主体。其根本的政策目标是弥补农资价格上涨对农民种粮造成的不利影响，降低农户种粮成本，保证农民种粮收益的相对稳定。

2006 年的中央一号文件《中共中央　国务院关于推进社会主义新农村建设的若干意见》指出，要稳定、完善、强化对农业和农民的直接补贴政策。要加强对农业和农民的支持保护政策，对农民实行的"三减免、三补贴"和退耕还林补贴等，要继续稳定、完善和强化。2006 年，粮食主产区要将种粮直接补贴的资金规模提高到粮食风险基金的 50% 以上，其他地区也要根据实际情况加大对种粮农民的补贴力度。与此同时，增加良种补贴和农机具购置补贴，并适应农业生产和市场变化的需要，建立和完善对种粮农民的支持保护制度。2006 年国家以柴油配套调价为契机，拨付农资综合补贴资金 120 亿元，2007 年补贴资金 276 亿元，增幅达到 130%，新增补贴资金的分配与粮食产量、商品粮和优质稻生产挂钩。

2008 年初，国务院常务会议研究决定了扶持农业生产的政策措施，并决定采取增加农资综合直补、增加良种补贴、提高粮食最低收购价格等一系列综合措施，进一步加大对农业和粮食生产的政策支持力度。中央财政拟安排"三农"支出 5 625 亿元，用于对农业生产的政策支持。其中，国家初步安排农资综合补贴资金 482 亿元，后来由于农资价格持续上涨，以及为支持农民做好 2008 年雪灾后的春耕生产和雨雪冰冻灾区的灾后重建，中央再追加补贴资金累计达到 716 亿元，是上一年的 2.59 倍。[①] 在 2009 年之前，该项补贴资金直接兑付到种粮农户，资金额度达 756 亿元，平均每公顷粮食种植面积补贴 705 元；但 2009 年之后，国家实行农资综合补贴动态调整机制。[②] 农资价格上涨的年份，预算安排的增量资金直接拨付种粮农民，以弥补增加的种粮成本；在农资价格平稳或者下降的年份，中央财政为应对农资价格上涨而预

---

① 《2008 年中央财政安排农资综合直补资金将达 638 亿》，中华人民共和国中央人民政府网，http：//www.gov.cn/jrzg/2008－03/29/content_931960.htm。

② 《财政部关于进一步完善〈对种粮农民直接补贴工作经费管理办法〉的通知》，财政部。

留的新增农资综合补贴资金，不直接兑付到种粮农户，而是集中用于粮食基础能力建设，以加快改善农业生产条件，促进粮食生产稳步发展和农民持续增收。新增补贴专项用于粮食基础能力建设的资金，重点用于支持农田水利等基础设施建设、对种粮农户加大田间基础设施投入以及推广深松整地等保护性耕作方式。在此基础上，财政部于 2011 年 11 月印发《中央财政新增农资综合补贴资金集中用于粮食基础能力建设暂行管理办法》，就该资金的设置和使用作出了规定。2013 年，我国农资综合补贴发放标准为：35.51 元/100 公斤（计税总产），补贴总金额达到 1 071 亿元，与 2017 年农资补贴资金额度相当（见表 6-1）。

表 6-1 　　　　　　　2003~2017 年我国"三项补贴"资金情况 　　　　　单位：亿元

年份	种粮直补	农作物良种补贴	农资综合直补	合计
2003 年	103	3	—	106
2004 年	116	28.5	—	144.5
2005 年	132	38.69	—	170.69
2006 年	142	41.54	120	303.54
2007 年	151	66.63	276	493.63
2008 年	151	124	716	991
2009 年	151	198.5	795	1 144.5
2010 年	151	204	716	1 071
2011 年	151	220	860	1 231
2012 年	151	224	1 078	1 453
2013 年	151	226	1 071	1 448
2014 年	151	214.5	1 078	1 443.5
2015 年	140.5	203.5	1 071	1 445.9
2016 年	国家取消种粮直补、农资综合补贴、良种补贴，将其合并为"农业支持保护补贴"			1 404.9
2017 年				2 500

资料来源：唐红、杜世纯、冯建英：《中美农业支持政策体系的比较研究与分析》，中国农业大学出版社 2018 年版。

2. 农业支持保护补贴

2015 年 5 月，为提高农业补贴政策效能，支持耕地地力保护和粮食适度规模经营，财政部和农业部印发《关于调整完善农业"三项补贴"政策的指导意见》，启动农业"三项补贴"改革，将种粮直补、农资综合补贴、良种补贴合并为"农业支持保护补贴"。其中，种粮农民直接补贴是为了进一步促进粮食生产、保护粮食综合生产能力、调动农民种粮积极性和增加农民收入，由国家财政按照一定补贴标准和计税产量，对农户直接给予的补贴。良种补贴是指对一地区优势区域内种植主要优质粮食作物的农户，根据品种给予一定的资金补贴，目的是支持农民积极使用优良作物种子，提高良种覆盖率，增加主要农产品特别是粮食的产量，改善产品品质，推进农业区域化布局。主要调整措施是：

一是将80%的农资综合补贴存量资金，加上种粮农民直接补贴和农作物良种补贴资金，用于耕地地力保护。补贴对象为所有拥有耕地承包权的种地农民，享受补贴的农民要做到耕地不撂荒，地力不降低。补贴资金与耕地面积或播种面积挂钩，对已作为畜牧养殖场使用的耕地、林地、成片粮田转为设施农业用地、非农业征（占）用耕地等已改变用途的耕地，以及长年抛荒地、占补平衡中"补"的面积和质量达不到耕种条件的耕地等不再给予补贴。鼓励秸秆还田，不露天焚烧秸秆。这部分补贴资金以现金直补到户。

二是将20%的农资综合补贴存量资金，加上种粮大户补贴资金和农业"三项补贴"增量资金，支持发展多种形式的粮食适度规模经营，重点支持建立完善农业信贷担保体系，向种粮大户、家庭农场、农民合作社、农业社会化服务组织等新型经营主体倾斜，体现"谁多种粮食，就优先支持谁"。2016年，农业支持保护补贴政策在全国范围推开，并且补贴金额达到1404.9亿元。

2016年3月，财政部、农业部发布《关于印发〈农业支持保护补贴资金管理办法〉的通知》，对于农业支持保护补贴资金的管理和使用，作出了规定。该通知明确，农业支持保护补贴资金是中央财政公共预算安排的专项转移支付资金，用于支持耕地地力保护和粮食适度规模经营，以及国家政策确定的其他方向。农业支持保护补贴资金由财政部会同农业部分配。2016年4月，财政部、农业部发布《关于全面推开农业"三项补贴"改革工作的通知》，决定在全国范围内全面推开农业"三项补贴"改革。

2016年《关于落实发展新理念　加快农业现代化　实现全面小康目标的若干意见》正式将"种粮农民直接补贴、良种补贴、农资综合补贴合并为农业支持保护补贴"，并写入中央一号文件。农业支持保护补贴的政策目标是保护耕地地力、提升粮食产能。

2017 年，农业部《关于推进农业供给侧结构性改革的实施意见》指出，要继续推动农业三项补贴改革，支持耕地地力保护和粮食适度规模经营。优化农机购置补贴，优化农机购置补贴，加大对粮棉油糖、畜禽养殖和饲草料生产全程机械化所需机具的补贴力度，扩大农机新产品补贴试点范围，对保护性耕作、深松整地、秸秆还田利用等绿色增产机具敞开补贴。

3. 农业机械购置补贴

农机购置补贴，又称农机具购置补贴，是农业机械购置补贴资金的简称，是指国家对农民个人、农场职工、农机专业户和直接从事农业生产的农机作业服务组织购置和更新的农业生产所需的大型先进适用农机具给予的专项补贴资金，目的是推进农业机械化进程，提高农业综合生产能力，促进农业增产增效、农民节本增收。1998 年颁布的《大型拖拉机及配套农具更新补助资金使用管理暂行办法》决定设立专项资金用于加快大型拖拉机及配套农具的更新步伐。2001 年，政府将该专项资金调整为"农业机械装备结构调整补助费"，2003 年更名为"新型农机具购置补贴"。该补贴的资金规模比较小，覆盖区域和农机品种也不多。

2004 年，国家出台农业机械购置补贴办法，当年的农机购置补贴金额为 0.7 亿元。因为农机购置补贴政策属于 WTO 箱体规则中的非特定产品"黄箱"支持，14 年来，国家的支持强度持续加大，受惠的农民范围不断扩大，农机购置补贴已经成为党中央国务院重要的强农惠农富农政策之一，是贯彻落实中央一号文件的重要举措。

农机购置补贴政策的实施在一定程度上促进了中国农业机械化水平。在该政策的作用下，中国机械总动力 2004 年为 6.4 亿千瓦，2018 年突破 10 亿千瓦。[①]

2016 年农业部和财政部开展农机购置补贴及农机报废更新补贴试点政策。中央财政安排专项资金 8 亿元，在全国部分县开展耕地质量建设试点（李艳军，2016）。

《国务院关于印发全国农业现代化规划（2016—2020 年）》规定，要调整优化农业补贴政策，逐步扩大"绿箱"补贴规模和范围，调整改进"黄箱"政策。完善包括农资综合补贴在内的农业三项补贴，优化农机购置补贴政

---

① 资料来源于国家统计局。

策，加大保护性耕作、深松整地、秸秆还田等绿色增产技术所需机具补贴力度。

同时，为进一步推进农机购置补贴实施操作信息化，提升工作便民利民水平，农业部在2018年底启动农机购置补贴手机App、机具二维码、作业物联网三合一信息化办补试点，实现手机版补贴、农户少跑腿、信息化监督。

4. 土地流转优惠

土地流转是农业规模化经营的必备条件，土地流转加速将推动我国农村小农经济向专业合作、种植大户甚至大集团化生产转型。自20世纪80年代，我国农村土地承包经营权开始流转，并在很长的时期内将土地流转的规模稳定在家庭承包耕地总面积的4.5%左右。我国现在实施的一家一户、自主经营的传统模式，在一定程度上制约着农业生产成本的降低以及农业生产力水平的不断提高。

2004年12月，国务院颁布《国务院关于深化改革严格土地管理的决定》指出，在符合规划的前提下，村庄、集镇、建制镇中的农民集体所有建设用地使用权可以依法流转。2006年的《意见》明确，要健全在依法、自愿、有偿基础上的土地承包经营权流转机制，有条件的地方可发展多种形式的适度规模经营。此后，历年的中央一号文件都对土地流转制度作出了规范和指引。特别是2016年的《意见》明确指出，要积极培育家庭农场、专业大户、农民合作社、农业产业化龙头企业等新型经营主体，支持多种类型的新型农业服务主体开展代耕代种、联耕联种、土地托管等专业化规模化服务，健全县乡农村经营管理体系，加强对土地流转和规模经营的管理服务。根据国内土地流转平台发布的《土地流转市场报告》，我国家庭土地流转持续、稳定并且规范地推进，土地流转规模从2007年的6 372万亩增加到2016年的4.7亿亩，占整个二轮承包面积的35.1%。特别是近3年来，我国流转的农村土地中，有55%集中到种植养殖大户手中，32%的土地流转到了专业合作社或者农企，还有13%的土地由其他经营主体获得。我国农村土地制度已经由人民公社时期所有权与经营权高度集中的两权统一，发展到当前土地所有权、承包权和经营权"三权分置"的情况。

5. 税收减免

1990年2月《国家税务局关于对销售化肥、农机等农业生产资料一律按批发征税的通知》，要求对销售给农业生产者（包含单位和个人）的生产资料，一律按批发价征税。对农民专业合作社销售本社成员生产的农业产品，免征增值税，生鲜农产品流通环节税费减免。一般纳税人从农民专业合作社购进的免税农业产品，可按照13%的扣除率计算抵扣增值税进项税额。合作社向本社成员销售的农膜、种子、种苗、化肥、农药、农机，免征增值税。对农民专业合作社与本社成员签订的农业产品和农业生产资料购销合同，免征印花税。

从1996年开始，中国政府开始对主要粮食作物和油料作物实行关税配额。而有关关税配额的实施、配额的管理机制也是中国加入WTO谈判的一个重要议题。2001年7月，为支持农业生产发展，财政部、国家税务总局下发《关于若干农业生产资料征免增值税的通知》的规定，免征部分农业生产资料的增值税。2002年1月制定了《农产品进口关税配额管理暂行办法》，使关税配额管理走向规范化与透明化。2003年7月28日商务部、发展和改革委员会联合发出公告，向社会征求该办法的修改意见，拟对一些有争议的问题进行重新规范，对农产品贸易政策进行了全面的改革。在农产品进口方面，取消了诸多限制措施，如打破了国有农产品企业在农产品进口中的垄断地位，废除进口许可证制度，实现了农产品进口关税化等。在农产品出口方面，取消了农产品出口补贴，废除了出口许可证制度等内容。

此外，在政府的支持下，全国供销合作总社于2006年5月决定实施新农村现代流通服务网络工程（以下简称"新网工程"）。经国务院批准后，新网工程在全国实施，并逐渐由部门工程上升为政府工程。中央财政还专门设置了新农村现代流通服务网络工程资金，支持全国供销社系统推进农业生产资料等网络建设，提高网络经营能力和经营规模。2013年中央财政下拨14亿元，专项用于新农村现代流通服务网络工程。

二、我国对农业贸易服务的支持政策

（一）我国农业贸易的概况

农业农村对外开放是中国农业农村发展的重要动力。改革开放40多年来，中国农业农村取得了历史性的成就，不仅有效改善了粮食安全问题，而且大幅度地提升了我国农业现代化水平。根据WTO统计，1980年我国农产品出口额占全球出口贸易额的1.6%，居世界第15位，进口额占全球进口贸易额的2.2%，居世界第九位。加入WTO以来，我国农产品贸易额持续快速增长，特别是自2004年起，我国农产品贸易总额由加入世界贸易组织（以下简称"入世"）前的50亿美元左右的长期顺差转变为连续的逆差，且逆差呈现快速增常的态势，从2005年起，我国已经成为仅次于欧盟、美国的第三大农产品贸易国。

2001～2017年，我国农产品贸易总额由279.2亿美元增长到2 013.9亿美元，年均增长13.1%；出口额由160.7亿美元增长到755.3亿美元，年均增长10.2%；进口额由118.5亿美元增长到1 258.6亿美元，年均增长15.9%。2018年1～8月，我国农产品进出口额1 444.5亿美元，同比增长10.3%。其中，出口510.0亿美元，增长7.4%；进口934.5亿美元，增长12.0%；贸易逆差424.5亿美元，增长18.0%。我国农产品净进口范围已经扩大，并进入大宗农产品全面进口阶段。自2001年入世以来，我国农产品贸易一直保持逆差，并且由最初46亿美元的逆差额，逐渐增加到2017年的503.3亿美元。表6-2列出了我国入世以来的农产品进出口情况。

表6-2　　　　　　　　我国入世以来农产品进出口情况　　　　　　单位：亿美元

年份	出口	进口	顺差
2001年	161	118	42
2005年	276	288	-12
2010年	494	726	-232
2011年	607	949	-341
2012年	632	1 124	-492
2013年	678	1 189	-511
2014年	720	1 226	-506
2017年	755.3	1 258.6	-503.3

资料来源：依据商务部对外贸易司提供的《中国农产品进出口月度统计报告》整理。

2004年以前，中国对于农业一直是零保护，甚至是负保护。国家财政对于农业的支持虽然从2000年的1 231.5亿元增长到1 754.5亿元，但占财政支出的比重从7.8%下降到7.1%。当时国内农产品价格普遍低于国际市场价格，而且一直以来中国都是农产品净出口国。我国加入WTO时在农业问题上作出了巨大让步，取消了数量限制、许可证等非关税措施；关税和关税配额制度成为调控农产品贸易的唯一手段。入世谈判期间，中国农产品平均关税由1992年的46.6%下降到1999年的21.2%，入世后农产品平均关税水平进一步削减到 15.2%，只有世界平均水平的 1/4，而且关税形式单一，实施税率和约束税率单一，没有对农业实施有效的关税保护措施，我国是世界上关税水平较低和贸易自由化程度最高的国家之一。特别是我国入世承诺国内"黄箱"支持维持在 8.5% 的微量许可水平以内，并取消所有形式的出口补贴；我国放弃使用对农业生产和市场稳定非常重要的特殊保障措施，一般保障措施和其他贸易救济措施也需要遵循 WTO 协议的规定来实施。

农产品贸易对我国农业产业发展、农产品供给保障、农民增收的作用和影响巨大。我国农产品贸易长期以来表现出明显的大宗产品全面净进口、贸易逆差急剧增大、进口价格波动加大、优势产品出口增长乏力等特点。特别是在贸易全球化的背景下，我国长期以来农产品出口所依赖的低成本、低价格的优势逐渐式微，出口农产品的附加值低、话语权弱的问题日渐突出，传统的价格优势不断受到削弱，特别是国际农产品市场的变化，导致我国农产品出口面临较大的压力。由此，如何平衡对农产品出口的政策支持力度，加大农产品出口促进政策力度，提升我国农产品贸易竞争优势，是政府应该重点关注和思考的问题。

（二）农业对外贸易服务支持的政策文件

国务院印发的《全国农业现代化规划（2016—2020 年）》规定，（1）农业对外合作支撑工程。支持农业对外合作企业在境内外建设育种研发、加工转化、仓储物流、港口码头等设施。开展农业对外合作"扬帆出海"培训，打造农业企业家、技术推广专家、研究学者、行政管理人员、国际组织后备人才五支队伍，建立农业对外合作人才储备库。（农业部牵头，外交部、国家发展和改革委员会、财政部、商务部、国家粮食局等部门参与）；（2）优势农产品出口促进工程。选择一批特色鲜明、技术先进、优势明显的农产品出口大县，建设一批规模化、标准化生产基地，培育一批精通国际规则、出口规模大的龙头企业（农业部牵头，国家发展和改革委员会、财政部、商务部、质检总局等部门参与）。

（三）农业对外贸易服务支持的具体措施

在农产品对外贸易方面，我国采取了一系列保护农产品出口的措施，包括汇率，出口退税，出口商品发展基金和风险基金，出口信贷等；进口限制措施主要是非关税贸易壁垒，如进口配额，反倾销和反补贴等。2015年，根据世界贸易组织各成员方在部长级会议上达成的一揽子协议，各国承诺将全面取消农产品出口补贴。对于发展中国家而言，要在2018年底前，终结农产品出口补贴，并且要限制农产品出口信贷。由此，各国的农产品对外贸易支持措施，都要在WTO框架范围内采取。

在汇率方面，1981～1994年，我国实行的对外贸易的内部汇价，即"双重汇率制"；从1994年开始，我国实行单一的、有管理的浮动汇率制。汇率制度的改革是我国的汇率有所下降，鼓励了农产品的出口。

此外，我国从1985年开始，实施出口退税政策，通过对出口商品退换在国内征收的间接税，避免对出口产品重复征税，从而降低出口成本，促进出口的作用。同时，我国非常重视对出口商品基地的建设。

第七章

中美欧农业支持政策的异同分析

通过对中美欧农业支持政策体系的对比，不难看出：农业支持是工业化过程中，也包括工业化完成后的一种普遍的社会政治经济现象。但不同国家在不同发展阶段对农业支持的目标、重点、方式和具体的支持内容又是不同的。由于各国在自然资源禀赋、基本国情与国家治理模式等方面的不同，其农业支持政策在制定过程、表现方式、实施办法和评估体系等方面也是存在明显差异的。本章将基于前面各章节的内容，对中美欧农业支持政策的主要差异与特点进行概要性的总结，以期使人们对农业支持政策的产生与演变的某些规律有更全面的认识。

第一节 中美欧农业支持政策的背景不同

中美欧农业支持政策是在不同的国情基础上建立起来的，有着差异迥然的背景。因此，在对农业支持政策进行比较时，首先要厘清有关政策及其出台的背景。概括地说，中美欧农业支持政策在出台背景上的差异至少有以下两个方面。

一是自然禀赋和农业所处的发展阶段不同。美国自然资源丰富，气候温和、大部分地区雨量充沛而且分布均匀，耕地面积约占国土总面积的20%，人均接近0.8公顷（泸农，2004）。2016年，美国农业人口占全国人口的1%，约320万人，但美国却是世界上最发达、最强大的现代化农业国家之一。2000年，美国农业总产值（以农户价格计算）为1 905.51亿美元，占

GDP 的 1.85% 左右。① 尽管农业产值占 GDP 的份额不大，但是它的农业生产效率很高，美国一个农民可以养活 98 个本国人和 34 个外国人。此外，美国还是世界上第一大农产品出口国，每年农产品出口额在 400 亿美元左右，其产品在世界市场上占有非常大的份额。2015～2016 年，美国农产品出口总量达到 1.3 亿吨，占全球农产品出口总量的 25.7%，其中大豆出口量 5 285 万吨、全球占比 40%，玉米出口量 1.19 亿吨、全球占比 41%。② 相比中国而言，截至 2018 年，我国人口已达 13.95 亿人。③ 人均耕地仅约 0.11 公顷，为世界平均水平的 1/3，人均水资源 2 300 立方米，为世界平均水平的 1/4。④ 我国农业生产环境有着先天不足，农业人口多、人均耕地少、水资源紧张等问题，这都是制约我国农业发展和生产效率提高的"瓶颈"。

二是工业化起点与发展历程不同。美国是世界上少数几个率先进入工业化的国家，早在 19 世纪初期，美国在农业开发与推进工业化的过程中，除了对北美原住民的剥夺和海外扩张之外，也对国家发展战略进行了认真的研究。国家成立初期，美国通过低价向农户出售土地的政策，在短时间内使农业生产获得了快速发展。其后，美国政府投资修建了规模巨大的铁路和运河体系，为农产品的生产、销售和海外贸易奠定了坚实的物质基础。到 21 世纪初，美国已经是一个地道的工业化国家了，其国内工业产品总值已达到农产品总值的 2 倍。第二次世界大战前后，美国的工业化水平早已执世界之牛耳，农业机械化、农业化学技术和生物技术也得到空前发展，农业劳动生产率更是遥遥领先世界各国，其农产品不仅满足本国的需要，而且大量出口，作为重要战略物资，服务于其全球战略。因此，美国的农业支持政策总体上是为其国内工业化及后工业化的社会经济结构转型和全球霸权服务的。

而我国工业化的起点不仅大大晚于美国，而且发展历程几经坎坷。虽然早在 19 世纪 60 年代清朝政府就有过洋务运动，但由于帝国主义列强的侵略和清政府的腐败，工业化进程缓慢，基本上无大建树。辛亥革命后，国家在

---

① ② 《2016 年美国农产品行业市场现状及发展趋势预测》，中国产业信息网，http://www.chyxx.com/industry/201611/462740.html。

③ 资料来源于国家统计局。

④ 《我国水资源现状：人均仅为世界平均水平 1/4》，人民网，http://www.people.com.cn/GB/huanbao/1072/2401454.html。

整体上也是战祸不断，外受列强欺侮，国内军阀林立，内争不止，工业化进展乏善可陈。1949 年新中国成立时，国家在政治上结束了半封建、半殖民地的统治，走上独立自主的发展道路，但在经济上，我国的国情可以说是一穷二白。工业化基础既少且弱，仍是一个传统农业占主体的非工业化国家。1950 年，中国工业产出在国民总产出的比重仅占 10%，农业劳动生产率极低。直到 1952 年，我国才开始了大规模的工业化建设。为应对复杂的国际形势，加快工业化进程，新中国成立初期党和政府把国家发展战略定位为优先发展工业，尤其是重工业，主要是学习苏联的工业化发展道路和经验。其特点是以农业支持工业，对农产品采取国家"统购统销"，同时把农民组织起来，发展集体经济，为工业化提供快速资金积累，国家通过计划经济体制为工业化在生产资料、贸易环境和投资条件上创造了优化的发展环境。所以，当时的农业支持政策，集中体现在实行土地改革，将地主的土地分给农民，再将农民组织起来，改善农业生产条件，并动员国家力量大搞农业基础设施建设，垦荒和兴修农田水利。这一时期的农业发展和工业化推进速度，在中国经济发展的历史上是前所未有的，取得了举世瞩目的巨大成就，但由于特殊的国际环境，以及重工业优先战略和高度集中的计划经济体制的某些问题，也给整个国家的经济发展带来了不少结构性的困难。改革开放以后，经过了 20 世纪八九十年代的农业经济体制改革和在新机制下的快速发展，国家逐渐加大了对农业的补贴和投入。2004 年以来，党中央连续出台文件支持农业发展，并于 2006 年取消了农业税，农业支持的力度和深度都不断提高。但由于我国总体上还处在工业化发展过程中，工业反哺农业和国家对农业的支持强度，在资金能力和覆盖范围上，都还无法使农业产业的品质与生产能力达到与非农产业同质化的水平，只能是在较低水平下逐步缓解农业比较效益低下导致的产业结构不协调矛盾。相当一段时间内，我国农业支持政策较多偏重于鼓励农业生产和农业经济内部产品结构调整的价格杠杆运用上。

第二节 中美欧农业支持政策的目标取向不同

纵观美国农业支持政策的发展与变化可以发现，美国农业支持政策目标，在第二次世界大战之后，始终围绕着保持美国在世界的领导地位和提高美国的综合国力与产业结构协调稳定而确定。相关的农业支持政策，主要通过对农产品价格补贴等手段促使农业向着美国政府确定的阶段性发展目标而运动：时而鼓励农业生产，时而抑制过度生产，但总的方向是稳定和增加农户收入、保持一定程度上对国际农产品市场的控制权、保护生态环境和完善国民经济结构。美国农业支持政策使其农业的基础地位并未随着工业化的完成和国内产业结构高端化进程而削弱。2017 年美国 GDP 达到 19.39 万亿美元，农业创造的产值占 GDP 的 1.24% 以上，而农业劳动力占全国就业人口的 1% 左右。农业劳动生产率和非农产业并不存在比较效益的落差。近年来，美国政府通过休耕补贴等手段，防止耕地超负荷运转、植被破坏以及水资源过度利用，农业生态环境也得到了较好的保护。

反观我国，由于工业化进程尚未完成，农业仍处在由传统农业向现代化农业的转变过程中。因此，在不同的历史时期，我国农业支持政策的总体目标仍然是推进国家工业化的快速、健康发展，在产业结构和农业、农村内部经济结构剧烈转型中，保持农业的稳定和各种社会经济关系的协调。改革开放以前，我国农业支持政策主要围绕社会主义政治经济体制建设、"三大改造"，特别是国家工业化建设展开的。其主要特征是农业集体化经营管理，大多数农产品在大多时间内实行国家统购统销，国家动员全民资源支持农业基本条件改善，以农支工、间或以工支农，但总体上坚持农业支持国家工业化发展的目标。改革开放以后，我国实行了家庭联产承包责任制，农业逐步进入市场化轨道，农业支持政策的目标也从偏重农业增产，向通过财政补贴提高农民收入，促进农业健康、稳定发展的方向转化。中国共产党第十八次全国代表大会后，国家提出乡村振兴战略，农业支持政策目标开始向农村基础设施完善、农业环境保护、农村社会发展和精准扶贫，以及以绿色生态为导向的农村经济社会可持续发展方向倾斜。这些综合性的目标，远比美国的农业支持政策复杂和广泛。

第三节 中美欧农业支持政策的重点内容不同

概括地说，美国农业支持政策的内容主要以直接补贴的方式为主。其中，

还包括销售贷款差额补贴、反周期波动补贴和农产品贸易补贴。直接补贴是
"绿箱"政策中的一种，它是一种固定补贴方式，与农产品生产、价格不挂
钩。销售贷款差额补贴是政府提供一个最低保护价，以保证农民可以顺利出
售农产品，政府对规定的农产品提供"贷款差额补贴"，即政府预先规定各
农产品的"借贷率"，参与政府支持计划的农民，可以按政府预先规定的
"借贷率"申请贷款，其抵押物是未来的农产品产量。反周期补贴是贷款差
额补贴与直接收入补贴相互混合的产物，它是"基于价格的反周期支付"，
即事先由农业部确定一个目标价格，假如市场价格加上直接支付低于目标价
格，政府就用反周期补贴来弥补两者之间的差额，反之则不启动反周期补贴。
美国政府的农产品出口补贴以出口信贷和鼓励市场进入为重点。目前，美国
最大的农产品出口支持项目是出口信贷担保，对有发展潜力的新兴市场给予
回款担保和贷款补贴（文小才，2007）。

　　我国农业支持政策的主要内容包括国家宏观支农政策、粮食储备制度、
收入支持政策和调整农业生产结构的惠农政策等。20 世纪 50 年代，国家
投入巨大的人力、物力、财力进行大规模垦荒，建立了一批大型国营农场；
围绕大江大河治理和改善农业生产条件进行了全国范围内的大规模水利工
程建设；投入大量资金并引进技术进行农业机械化、电气化建设，等等。
在农业生产层面，农业集体经营时期也有过"机耕定额亏损补贴"等直接
补贴方式。改革开放以后，对农业的相应补贴政策又逐步扩展到生产、流
通、贸易等领域。特别是在我国加入 WTO 之后，农业支持政策也逐渐向世
界贸易组织规范的要求方向调整。目前，已实行的 6 项"绿箱"政策中，分
别是政府一般服务支出、用于粮食安全目的的公共储备补贴、国内粮食援助
补贴、自然灾害救济支出、农业环境保护补贴、落后地区援助补贴，未实施
的 5 项"绿箱"政策主要涉及公平性的农业支持政策。我国的"黄箱"政策
主要包括两部分，一是价格支持措施，即粮棉保护价收购；二是农业生产资
料补贴，主要包括化肥补贴、农药补贴、农业用塑料薄膜补贴和其他农业生
产资料补贴等。可见，中美两国农业支持政策的内容上有相同之处，但不同
点更多。

第四节　中美欧农业支持政策的表达
方式与实施方法不同

美国的农业是高度机械化和专业化的，由于农业人口少，农业生产主要是以大型机械化农场为组织经营单位。专业化的农业生产者容易形成强大的组织联盟，促使政府对农业支持政策保持连续性，并保证政府对农业补贴资金的落实，这使得美国的农业补贴人均实际拥有量长期保持高水平。2008 年5 月，美国正式颁布的新农业法案中，把直接支付和直接补贴的预算增加了55 亿美元，同时还新增加了"新进农民的直接支付计划"和"加强生态保护支付"，仅这两项预算补贴就分别达到 3 亿多美元。尤其是美国建立的"基于收益的反周期支付"，等于为农场主穿上了旱涝保收，减少外界干扰的保护服，从而使农业生产者的收入更加安全稳定。

与美国以直接补贴为主的方式不同，我国的农业补贴大多以间接补贴为主，而且较多地在农产品流通销售环节进行，补贴方式以采用"暗补"方式为多。除农村开荒补助费、草场改良保护补助费、造林补助费、林木病虫害防治补助费以及退耕还林补贴外，其他各项补贴均属于对流通环节的补贴。从 2002 年开始，我国进行粮食直接补贴改革试点，2006 年全面取消了农业税，全国农民每年减负总额超过 1 000 亿元。

在农业支持政策的发布形式与保障落实方面，中美两国也不相同。美国农业支持政策的主要发布形式是制定和修改相应的法律、法规，落实保障方式主要依据法律并由政府部门、社会组织依法行事。而我国的农业支持政策则较多地采用通过党的政策、政府文件和内部规定来表达。落实与执行的方式主要采用行政手段，通过党的组织和政府机构去推动。两者在这方面的差异与国家制度模式和治理结构的不同密切相关。在长期的历史实践中，这种制度差异各有其产生的历史原因与客观条件，中国的改革开放，以更大的包容性展示了其对各种先进管理模式兼收并蓄的巨大生命力。而美国则以其强大的综合实力试图向世界输出其管理模式，在这方面的比较研究已经不单单是社会经济政策领域问题。

总体而言，美国农业支持政策的实施主要是通过联邦政府和各州政府的立法来确定的，很少依靠行政手段。例如，美国自 1933 年《农业调整法》开始实施以来，至今共出台了数十个有关农业补贴的法律。这些法律对政策目标、预算安排、执行机构的职责范围做出了明确规定。美国的农业立法分为"永久性立法"和"临时性立法"，临时性立法根据形势的需要对永久性立法进行修订，在执行期内有效。当临时性立法到期，新的法案没有获得通过或没有及时做出修改时，永久性立法自动生效，这就保证了农业补贴政策的有效性和连续性。相比较而言，在过去相当长一段时间里，我国农业支持政策多以中央政府和相关部门规章制度的形式出现，其约束力、连续性和权威性较之法律制度要弱很多。尤其在现实执行过程中，农业支持政策的实施往往涉及财政、农业农村、对外经贸、民政和金融等多个部门。有时难免会出现政出多门，协调困难，交易成本高的问题，再加上地方保护等因素，有时候会降低了农业支持政策的效率和实施效果。这些问题已经引起党和政府的高度重视，正逐步通过改革开放建立更有效的政策体系和执行机制。

类似我国这样尚未完成工业化的发展中国家，资金缺乏是制约农业发展的重要因素。目前，我国农业信贷体系在解决农业资金方面还没有形成稳定的财政、金融支持体系，商业银行由于缺乏配套措施，对农业资金支持力度仍然较小，而农业银行和农村信用社由于金融机构普遍实行商业化经营机制，导致这些农业信贷机构缺少专项资金和政策保护，而且，这些金融机构因趋利动机的作用，借贷资金非农化现象严重。另外，我国农业保险由于起步时间短，目前还谈不上对农业有很大的支持作用。农业资金短缺已经日益成为困扰农业发展的主要因素。从美国的经验看，完善国家对农业信贷和农业保险的支持，解决农业发展中的资金问题是国家农业支持政策的一个重要方面和保障性条件。

当然，我国农业支持政策也有美国不具备的优势，那就是整个社会的组织化力量。中国共产党长期执政具有深厚的民意基础和历史必然性，党的组织在上到政府部门，下到社会组织、基层企事业单位和农村基层村落，形成了广泛而有力的社会管理网络，这也是我国的农业支持政策多以党和政府文件的形式表达与落实的重要原因。我国现阶段还无法大范围的以法律法规形式表达对农业支持、补贴和保护的另一个重要原因，是我国区域发展的严重不平衡。就整个国家的社会经济发展水平而言，我们既有经济发达的北京、上海、广州、深圳这样特大城市区域，也有相对发达的东部地区，如珠三角、长三角地区，更存在着中西部欠发达地区，还有局部的贫困县、区和乡村。因此，对农业的支持政策不能采用"一刀切"的法律、法规，有必要根据具体条件的不同，保持不同区域的差异性，但总的方向是缩小城乡和区域的差距，加快推进工业化和农业农村现代化。

农业支持政策的研究是国家社会经济发展战略研究的一个侧面。它属于国家发展在既定目标和方向的前提下，如何通过政策措施，推动总体目标与战略构想的实现问题。美国作为现行世界政治经济体系中具有重要影响力的国家，在这方面有着丰富的经验，但其霸权姿态和恃强凌弱的做法也为其无法挽回的衰落做了充分的说明。我们在学习美国长处的同时，更要总结自己的经验教训，既要避免妄自菲薄、缺乏自信的心态，也要防止夜郎自大，封闭保守，自满自足的无知。农业支持政策的比较与分析，需要科学、理性地研究世界各国的发展经验，以及我国的特殊情况，有的放矢地建立符合我国实际和长期发展战略目标的农业支持政策体系，这项工作依然任重道远。

第八章

结论与启示

　　受 2008 年美国金融危机影响，全球经济启动乏力且发展后劲不足，我国经济由高速增长转向高质量发展的"新常态"。党的十九大报告提出"实施乡村振兴战略"，是新常态下经济增长新动能的体现，也是转变发展方式下城乡融合及农业农村发展的新方略。乡村振兴是实现农业农村粗放增长到集约发展和城乡融合破除二元经济实现现代化的重要举措，反映农业农村发展由市场化经营、商品化生产向生态环保化发展的新趋势和社会经济逻辑，也是我国现代工业化初步完成和城市化深化发展新阶段的现实要求。中国实施乡村振兴战略的背景与美国和欧盟有相近之处，推进乡村的全面振兴可以吸取美国和欧盟农村农业发展政策演变过程中的经验教训，分阶段、有侧重地实施战略内容，以立法为保障、以市场为基准，加快建立乡村振兴政策体系和制度框架，鼓励产业延伸和创新，逐步推进新乡村、新乡风和新乡貌形成。

第一节　美国农业支持政策对中国实施
乡村振兴战略的启示

　　美国支持乡村发展的历程比中国领先了半个世纪的时间，虽然中美两国发展阶段不同，工业化和城镇化的背景特征、土地所有制也存在差异，但两国都十分重视乡村在社会经济中的发展问题，美国现在的情景在一定程度上是对后发国家未来情景的一种展示，学习其乡村发展政策调整过程中的经验对中国乡村振兴的实现具有一定的借鉴意义。

一、准确把握乡村振兴的背景与目标，完善支持政策手段

乡村振兴战略的提出，是基于中国基本国情和经济发展阶段性特征考虑的。改革开放后，中国的城市数量和质量都取得了长足的进步，但广大的乡村地区却一直发展缓慢，经济停滞不前。中国农村人口的比例高，密集度强，人口数量与乡村公共服务和资源禀赋之间的矛盾使得乡村经济难以跟上城市发展步伐，青壮年劳动力的大量流失又使得乡村人口老龄化的问题日益严峻。这一现实背景与美国20世纪七八十年代面临的城乡结构失衡的困境相似。

从政策目标看，美国政府当时主要关注如何促进城乡协调发展、创造就业机会和良好乡村环境，相比之下，中国"乡村振兴"则更注重"三农"问题的一体化解决，目标性更强。美国的"乡村发展"计划涵盖在农业法案中，政策设计紧扣农业法中的设定内容，其核心是乡村社区的自身发展问题。中国实施乡村振兴战略的目标则是农业强、农村美、农民富，实现农业农村现代化。作为追赶型国家，中国面临着城市快速发展与乡村转型缓慢不同步的难题，应该认识到，乡村振兴不仅是经济的振兴，更是生态、社会、文化、科技、教育和农民素质的振兴。只有实现乡村振兴，乡村居民才能安居乐业，中国才能建设成为现代化强国。

从支持方式看，美国乡村发展的促进手段经历了从政府财政支持向市场化运作的转变。通过借助社会资本和市场力量，美国政府较好地缓解了财政赤字短缺的难题，为其支持政策的实施提供了可靠的资金来源。中国目前的支农政策主要还是依靠政府的财政促进，信贷等金融政策工具使用还不充分，尚具有较大的拓展空间。从国内实践看，中国政府调动资源的能力比较强，在促进乡村发展中发挥的作用已经初步显现，但还需要从政策立法、管理制度和实施手段方面进行细化。

二、充分认识乡村振兴的长期性，分阶段、有先后、循序渐进地改革

乡村振兴是一个长期的发展过程，美国从20世纪30年代开始构建支持乡村发展的政策体系，到现在已经历经了80多年的时间，至今仍然处于不

断调整完善中。中国农村人口多，乡村基础条件差，面临的困境和挑战将更为复杂。美国在促进乡村发展过程中的战略思维启迪我们，城乡融合不可能只是短期工程，而是长期的历史性任务。对此，要做好打持久战、攻坚战的准备，分阶段、有侧重地支持乡村发展，久久为功。要善于站在时代前沿和全局的高度思考和处理问题，不仅要正确处理当前与长远的关系，还要把握全局，克服急功近利等问题，不断提高战略意识和政策实施效率。

中国政府对农业农村基础设施建设的投入持续加大，"村村通"等支持措施接连出台，在一定程度上缓解了农村地区基础设施严重缺乏的问题。但由于历史欠账等多方面原因，农村基础设施薄弱的问题仍然十分严峻，水、电和公路等设施建设普遍滞后，产业发展缓慢。为此，现阶段中国政府有必要继续加大财政资金的支持力度，优先将学校、医院、消防等公共基础设施纳入发展规划，提高交通、能源和通信设施的投入力度，推动公共服务向乡村延伸，以满足农村居民的生活与工作要求，适应信息化的发展形势。在支持乡村发展过程中，要将阶段性短期目标和长期目标结合起来，分阶段、分步骤实施，逐步完善政策工具和制度框架。

三、加快推进乡村振兴政策法制化，以立法保证乡村振兴战略的实施

美国经验表明，通过农业农村立法保障乡村经济的发展，以法律形式规定对乡村发展的补贴制度和信贷支持体系，是应对政策执行随意化的有效手段。当前中国对农业农村政策的立法层次低，绝大多数政策措施停留在行政法规、地方法规和规章制度层面上，缺乏高层次法律效力的约束，也由此导致了政策执行规范性差、落实不到位等问题。因此，必须加快农业法制建设，从全局性角度做好乡村振兴的顶层规划，确保财政补贴资金的常态化和可持续性。在资金投入方面，制定农业资金管理法规，保障农业融资渠道畅通，增加资金流通的透明度；在政策监管方面，构建农村政策实施的督查机制，规范各项政策的实施方案，使农业农村政策能真正达到促进乡村发展、扶持农业的目的。在立法重点上，应以农业供给侧结构性改革为主线，把规划和政策法定化，优先对乡村产业发展、生态建设、民生保障等方面制定法律，

推进农村一二三产业融合；在法律执行上，应该深入推进行政执法改革向基层延伸，推动执法队伍整合，提高执法能力和水平。

四、建立乡村振兴的管理体系，明确政策制定和执行部门的权责

为构建一个高效的乡村发展政策管理机构，美国曾频繁地设立不同的组织，经历多次调整和整合，最终形成了现在的管理体系和制度框架。经过这样调整后稳定下来的组织架构，既保障了乡村发展政策的专业性和针对性，又提高了乡村发展政策的实施效率。

与美国乡村发展政策的内容相比，中国乡村振兴战略涉及的内容更加广泛，"农业""农村""农民"问题更为复杂。为更好推进中国乡村振兴战略的落实，有必要成立专门负责乡村振兴的行政机构，明确和强化各级政府的"三农"投入责任，保障乡村发展政策的有效落实。2018年3月，国家撤销农业部，正式组建农业农村部，其职能包括统筹研究和组织实施"三农"工作战略、规划和政策，这一举措正是完善乡村发展政策框架和制度的良好契机，充分体现了国家做好"三农"工作的决心。

五、建立多元化资金投入渠道，借助市场力量和社会资本支持乡村发展

美国联邦政府一直将市场机制视为促进农村经济发展的决定因素，通过不断加强与地方、各州政府和私人力量的合作，将新兴的金融机构引入乡村社区建设过程中，与财政政策一起为乡村地区提供资金支持。

中国乡村的基础条件非常薄弱，更是需要巨额的资金投入支撑乡村经济的发展。因此，中国政府可考虑适当引入社会资本，鼓励广大农民和社会各界参与乡村振兴。在具体实施过程中，财政部门可以创新社会资金的管理模式，发挥财政资金的杠杆"撬动"作用，制定金融机构服务乡村振兴的考核方法，积极鼓励金融和民间社会资本投入乡村发展，提高支农资金配置效率，为乡村振兴提供更加可持续的资金来源。

六、乡村振兴政策的实施要把握好政策兼容性和地区多样性

美国在推进城乡一体化的进程中有着非常成功的经验，但这并不意味着解决中国"三农"问题要"美国化"。实施乡村振兴战略需要从中国实情出发，尊重中国特色，把握乡村发展的阶段性特征。

第一，促进乡村发展的方向和措施要与促进农业发展、农民增收的措施相一致、相协调。促进乡村振兴的措施体系应该是一体化的，农业、农村、农民这三大主体不可被分割对待。与发达国家相比，乡村仍然是中国的发展短板，农民收入水平低、农业产业结构不合理的问题至今依然严峻。因此，乡村振兴的实现还是要以推动现代农业发展为重点，以提高农民收入为根本核心，通过推动第一二三产业融合，使农业成为盈利产业，实现农业综合生产能力的稳步提升，进而带动农民增收。

第二，乡村振兴战略要顺应城镇化和工业化进程。目前中国还处于城镇化和工业化的快速发展阶段，工农差距仍然很大。这种情况下，乡村振兴战略要与城镇化和工业化进程相结合，一方面要确保新型城镇化的顺利实施，另一方面要做好顶层设计，充分避免和弱化人口流失带来的负面影响。

第三，农村地区的多样化决定了乡村振兴要依据各地区的发展状况采取相应的政策手段。中国地域辽阔，不同地方乡村的发展特征差异显著。因此，乡村振兴不能搞"一刀切"，要根据地方特色分类推进。对于空心化较为严重的村庄，由于其基础条件薄弱，乡村振兴的重点应当更加注重基础设施的完善和公共服务的供给；对于基础条件较好的村庄，则要鼓励发展新型产业，建立长期的竞争优势。

第二节　欧盟共同农业政策对中国实施
乡村振兴战略的启示

目前，中国仍处于工业化、城镇化迅速推进阶段，工农差距、城乡差距问题较为突出，离发达国家发展水平还有很大差距。2017 年，中国农村常住人口占总人口的 41.5%；农业就业人口约占全国总就业人口的 27%；农业增

加值占 GDP 的 7.9%；农民工 2.86 亿人，占总就业人口的 36.9%；城镇居民人均可支配收入是农村居民的 2.71 倍①。这种情况下，中国实施乡村振兴战略应与推进农业工业化，继续把发展现代农业、促进农民增加收入作为农业发展的重心。欧盟共同农业政策从三个方面为中国建立健全乡村振兴战略政策体系提供借鉴：

一是欧盟共同农业政策从关注农产品市场、农业现代化等单一问题转到同时聚焦于农业多元发展问题的演变过程，可以为当前中国在落后地区加快改造传统农业、补足基础设施短板并实现发展政策的有序更替提供经验借鉴；二是欧盟农业支持政策着力推进的提高农业竞争力、保护自然资源环境和人文遗产、发展农村多元经济、增强社区吸引力、为年轻群体创造机会等，也是中国当前推进乡村振兴所亟待解决或即将面对的难题，欧盟的相关政策经验可以为中国及时调整和完善解决这些问题的政策提供经验借鉴；三是欧盟使农业政策广受欢迎、取得成效的做法，如政策制定理念、执行策略、管理方式等，可以为中国完善乡村振兴政策的制定、执行和管理工作，提高乡村振兴政策实施效率和效果提供经验借鉴。

具体来看，欧盟农业支持政策演变对中国实施乡村振兴战略和健全政策体系的启示主要体现在以下五个方面。

一、树立城乡平等发展理念，促进城乡协同共赢发展

中国实施乡村振兴战略，应与城镇化并驾齐驱、相辅相成、共同推进。城乡平等是城乡"和而不同"，发挥各自的功能和优势。乡村侧重于发挥食品安全、休憩空间、环境涵养、文化传承等，城市侧重于发挥经济、社会、文化、创新、交流等中心区功能。只有坚持城乡平等发展理念，建立城乡合作伙伴关系，才能重塑城乡关系，促进要素对流，形成城乡互补共荣、协作有序的融合发展格局。推进乡村振兴，当务之急是解决农业农村发展基础薄弱问题，补齐基础设施、技术装备、公共服务、居住环境等方面的短板，但不能求大求快、求洋求新，盲目造盆景、树典型，丢失农业

---

① 资料来源：《中华人民共和国 2017 年国民经济和社会发展统计公报》国家统计局网站，2018 年 2 月 28 日，http://www.stats.gov.cn/tjsj/zxfb/201802/t20180228_1585631.html。

农村发展的根基。

二、注重产业空间合理布局，发展乡村规划编制服务

乡村振兴涉及农业农村的方方面面，但不是某一乡镇或某一村庄面面俱到的振兴，也不是所有区域标准统一的振兴。在产业选择上，要因地制宜地发展现代农业和乡村特色产业，推进乡村经济和产业的多元化、综合化、融合化、生态化；在空间布局上，要顺应村庄发展规律和趋势，区分中心村镇与一般村镇，集中建设具有区域带动作用的中心村镇、特色鲜明的魅力村镇和不同功能定位的专业村镇，差异化建设基础设施、配置服务功能，推动不同村镇联动发展。规划控制和引导是乡村振兴有序推进的重要保障。要以国家出台《乡村振兴战略规划（2018—2020年）》为契机，形成不同层面的乡村振兴战略规划体系，做到不同层级规划的合理分工、协同匹配，规划层级越高越注重引导和方向把控，层级越低越注重政策执行及与实际贴合的灵活性，最大限度调动各方力量参与。村镇规划是乡村振兴规划体系的关键环节，要相应加强对村镇规划的指导服务和发展规划编制咨询服务组织。

三、创新资源环境保护策略，赋予农民新型角色定位

欧盟把农民作为资源环境公共产品的重要提供者而引入绿色补贴政策的做法，对于中国创新农村资源环境保护策略、实现农业支持保护政策由"黄"转"绿"具有重要的借鉴价值（刘武兵，2015）。通过设计新的政策工具，发展基于资源环境和传统文化保护的休闲、养生、文娱产业，让农民采取资源环境保护行为能够获得可观的收入，是实现乡村产业振兴、生态振兴、文化振兴相结合的有效形式。中国在制定相关政策时，要充分认识到农业生产经营活动与资源永续利用、生态环境涵养、文化传承保护的内在统一性，赋予农民资源、环境、文化公共产品提供者的角色定位，将对农业农村的支持与建设生态文明、繁荣农村文化结合起来。

四、完善农业支持政策体系，推进政策管理工作改革

应以建立国家乡村振兴战略政策体系为契机，有效整合中国的农业支持政策，及时进行政策制定和管理机制改革，及时修改和废止不适应农业发展的法律法规，及时简化合并多部门出台的重复或交叉的政策，增强政策的互补性、协调性和策略性。同时，也要重视不同区域差异化的政策需求，借鉴欧盟协调和衔接不同成员方政策的做法，如确定优先扶持领域的可选择范围、强制性和自愿性政策的支持范围，明确预算支出的方向、要求和可自由调整的范围，由各地区自主确定量化的发展指标、选择优先支持的领域或侧重点、设计具体发展项目，以增强地方政府实施乡村振兴战略的积极性、自主性、灵活性。

五、培育自下而上振兴动力，满足年轻群体发展需求

组织振兴、人才振兴也是乡村振兴的重要内容。在此方面可借鉴欧盟支持发展领导者和地方行动小组、鼓励青年参与农业农村发展的政策。要支持发展农村合作组织、集体经济组织和各类乡村振兴支撑平台、服务平台、发展载体等，引导它们建立与外来企业平等、规范的密切合作关系；重视提升农民参与乡村振兴的能力，积极培育新型经营主体、村庄发展带头人，加大对农村创业就业的支持力度，营造留住人才的良好环境，夯实培育乡村振兴内生动力的根基。

参考文献

[1] 安杰、孙境鸿、刘顺：《美国农业推广发展及启示》，载于《商业经济》2010 年第 14 期。

[2] 白英瑞、康增奎：《欧盟：经济一体化理论与实践》，经济管理出版社 2002 年版。

[3] 蔡志强：《我国"实施乡村振兴战略"的社会经济逻辑与政策措施——基于欧盟共同农业政策改革的启示》，载于《天津商业大学学报》2019 年第 4 期，第 42~51 页。

[4] 陈宇：《农业科技的金融支持研究》，湖南农业大学硕士学位论文，2014 年。

[5] 程郁、叶兴庆：《借鉴国际经验改革中国农业支持政策》，载于《学习与探索》2017 年第 3 期，第 113~119、176 页。

[6] 崔春晓、李建民、邹松岐：《美国农业科技推广体系的组织框架、运行机制及对中国的启示》，载于《农村经济与科技》2012 年第 23 期，第 120~123 页。

[7] 崔海霞、宗义湘、赵帮宏：《欧盟农业绿色发展支持政策体系演进分析——基于 OECD 农业政策评估系统》，载于《农业经济问题》2018 年第 5 期，第 130~142 页。

[8] 董利苹、李先婷、高峰、王勤花、任珩、刘燕飞：《美国和欧盟农业政策发展研究及对中国的启示》，载于《世界农业》2017 年第 1 期，第 91~97 页。

[9] 董运来、王大超、任雪颖：《国外农业支持政策及其对中国的启示——以美国为例》，载于《世界农业》2012 年第 10 期，第 54~60 页。

[10] 董运来、王大超、余建斌：《国外农业支持政策及其启示——以美

国为例》，载于《地方财政研究》2012 年第 12 期，第 74～80 页。

[11] 董志凯：《我国农村基础设施投资的变迁（1950—2006 年）》，载于《中国经济史研究》2008 年第 3 期，第 29～37 页。

[12] 杜明奎：《国外农业支持保护制度对我国的启示》，载于《管理现代化》2011 年第 1 期，第 62～64 页。

[13] 范利君：《国外农业基础设施建设的实践及经验》，载于《世界农业》2014 年第 3 期，第 64～66、90 页。

[14] 冯双生、张桂文：《德国农村建设对我国宅基地置换的启示》，载于《技术经济与管理研究》2016 年第 6 期，第 88～92 页。

[15] 费振国：《我国农业基础设施融资问题探索》，载于《农村经济》2006 年第 8 期。

[16] 谷祥云：《我国农业科学技术推广运行机制研究》，湖南农业大学硕士学位论文，2008 年。

[17] 耿仲钟：《我国农业支持保护补贴政策效果研究》，中国农业大学硕士学位论文，2018 年。

[18] 耿仲钟、肖海峰：《农业支持政策改革：释放多大的黄箱空间》，载于《经济体制改革》2018 年第 3 期，第 67～73 页。

[19] 关建波、谭砚文、汤慧：《美国 2012 年农业法案中农业支持政策的改革及对我国的启示》，载于《农村经济》2013 年第 8 期，第 120～125 页。

[20] 郝志鹏、曾希柏：《农业科技创新活动中政策支持措施的问题研究》，载于《农业科技管理》2016 年第 35（03）期，第 9～12 页。

[21] 胡俊波：《新常态下农业支持政策的调整方向与重点——基于对四川省农业发展趋势的观察》，载于《农村经济》2017 年第 10 期，第 8～12 页。

[22] 何劲、熊学萍、祁春节：《家庭农场产业链主体共生关系：生成机理、影响因素及优化路径选择》，载于《农村经济》2018 年第 10 期，第 30～35 页。

[23] 黄天柱：《我国农业科技推广体系创新研究》，西北农林科技大学硕士学位论文，2007 年。

[24] 黄伟南、曾福生：《国外农业基础设施投融资模式的经验分析》，

载于《世界农业》，2014 年第 3 期。

　　［25］何燕华、杨炼：《金砖国家农业国内支持政策及其国际合作路径——基于 WTO 农业治理框架》，载于《湖南农业大学学报（社会科学版）》2014 年第 15 期，第 39～45 页。

　　［26］胡朝建、刘伟、王秋凌、罗俊华：《国外农业政策性金融运作特点及我国农业政策性银行的发展定位》，载于《中国农村经济》2001 年第 5 期，第 24～28 页。

　　［27］黄天柱：《我国农业科技推广体系创新研究》，西北农林科技大学，2007 年。

　　［28］胡越：《发达国家农业国内支持政策的调整及其效应分析》，南京农业大学，2014 年。

　　［29］韩亚恒、刘现武、杨鹏、牛云霞：《中央财政支持农业可持续发展政策演变研究》，载于《农业科研经济管理》2015 年第 2 期，第 2～7 页。

　　［30］芦千文：《我国农业生产性服务业支持政策的回顾与述评》，载于《农业经济与管理》2016 年第 2 期，第 95～100 页。

　　［31］林润田：《农业生产关系与农业支持政策的变迁、挑战与对策》，载于《农村经济与科技》2019 年第 15 期，第 1～3 页。

　　［32］刘文博：《欧盟共同农业政策改革和科技创新机制研究》，中国农业科学院，2016 年。

　　［33］鲁茉莉：《农产品贸易自由化与世界农业政策变革》，复旦大学，2003 年。

　　［34］鲁得钧、雷海章：《农业支持——21 世纪世界农业的主流政策》，载于《世界农业》2003 年第 3 期，第 17 页。

　　［35］季莉娅、王厚俊：《美国、法国、日本 3 国政府对农业投资状况分析及经验借鉴》，载于《世界农业》2014 年第 1 期，第 60～63 页。

　　［36］江平、康晓慧：《美国农业科技推广的经验与启示》，载于《绵阳经济技术高等专科学校学报》2000 年第 4 期，第 44～45、65 页。

　　［37］柯炳生：《如何完善农业支持保护政策》，载于《农村工作通讯》2017 年第 24 期，第 16～17 页。

　　［38］李林、赵君彦：《中外农业保险发展的财政支持政策比较与经验借鉴》，载于《经济视角（下）》2012 年第 12 期，第 36～38 页。

[39] 李显戈：《中国美国欧盟日本农业国内支持政策比较研究》，载于《经济研究导刊》2018 年第 17 期，第 113～115 页。

[40] 李秉坤、赵爽：《农业现代化的财政支持政策分析与研究》，载于《北方经贸》2019 年第 3 期，第 50～51 页。

[41] 李艳燕：《美中两国农业信贷政策比较研究》，载于《世界农业》2013 年第 7 期。

[42] 李丹：《加入 WTO 与提高农民组织化程度研究》，载于《农村经济》2002 年第 3 期，第 49～51 页。

[43] 刘晓光、董维春：《赠地学院在美国农业服务体系发展中的作用及启示》，载于《南京农业大学学报（社会科学版）》2012 年第 12 期。

[44] 芦千文、姜长云：《欧盟农业农村政策的演变及其对中国实施乡村振兴战略的启示》，载于《中国农村经济》2018 年第 10 期，第 119～135 页。

[45] 刘忠泽：《国外农业机械化发展现状及支持政策》，载于《农业科技与装备》2012 年第 12 期，第 79～80 页。

[46] 吕晓英、李先德：《美国农业政策支持水平及改革走向》，载于《农业经济问题》2014 年第 35 期，第 102～109、112 页。

[47] 刘武兵、李婷：《欧盟共同农业政策改革：2014—2020》，载于《世界农业》2015 年第 6 期，第 65～69 页。

[48] 李晓俐：《美国农业快速发展的原因浅探》，载于《世界农业》，2013 年第 9 期。

[49] 马梦晨：《农业支持政策促进农民增收的国际经验与启示》，载于《经济研究导刊》2014 年第 5 期，第 67～68 页。

[50] 马梦晨：《基于农民增收视角的农业支持政策研究》，哈尔滨商业大学，2014 年。

[51] 马欣：《中国农业国内支持水平及典型政策效果研究》，中国农业大学，2015 年。

[52] 马红坤、毛世平：《日本和欧盟农业支持政策的转型路径比较与启示》，载于《华中农业大学学报（社会科学版）》2019 年第 5 期，第 46～53、166～167 页。

[53] 马红坤、孙立新、毛世平：《欧盟农业支持政策的改革方向与中国的未来选择》，载于《现代经济探讨》2019 年第 4 期，第 104～111 页。

[54] 孟雅君:《美国赠地院校农业合作推广服务概况》,载于《内蒙古民族大学学报(自然科学版)》2004年第4期,第395~397页。

[55] 乔延清、吴秋璟:《中国农业基础设施支持体系评析》,载于《理论探讨》2006年第2期,第90~91页。

[56] 潘婷:《发达国家农业产业化金融支持的经验分析》,载于《世界农业》2015年第10期。

[57] 彭超:《美国农业目标价格补贴:操作方式及其对中国的借鉴》,载于《世界农业》2013年第11期。

[58] 钱小平、尹昌斌、方琳娜:《日本与欧美农业环境支持政策对中国的启示》,载于《中国农业资源与区划》2016年第37期,第35~44页。

[59] 邱启程、马祥建、冯新民、韩娟、王奎山:《农业科研院所文化建设对提升科技创新能力的研究》,载于《江苏农业科学》2014年第42期,第8~11页。

[60] 魏勤芳:《美国农业科技体系及运行机制》,载于《中国农业大学学报》2005年第2期,第15~18页。

[61] 孙鸿志:《美国农业现代化进程中的政策分析》,载于《山东社会科学》2008年第2期,第72~75页。

[62] 石爱虎:《国外农业基础设施建设的经验及其启示》,载于《中国软科学》1997年第6期,第101~104页。

[63] 宋洪远:《改革以来中国农业和农村经济政策的演变》,中国经济出版社2000年版。

[64] 沈贵银:《农业发展的长期性趋势与支持政策的适应性调整》,载于《农业经济问题》2012年第33期,第7~10页。

[65] 孙强、关银龙、谢宇:《农业一般服务支持政策的国际比较分析》,载于《经济问题》2019年第4期,第106~116页。

[66] 赛江涛、马履一、贾黎明:《全国农业推广硕士招生现状分析》,载于《中国林业教育》2008年第5期,第33~36页。

[67] 邵小通:《美国农业科技的研发与推广》,载于《安徽农业科学》2013年第41期,第3249~3250页。

[68] 索小利:《我国农业水利设施建设的法律制度研究》,西南政法大

学，2012 年。

[69] 石泓、岳泽军：《公共财政与现代农业基础设施建设》，载于《商业研究》2009 年。

[70] 孙鸿志：《美国农业现代化进程与政策分析及启示》，载于《世界农业》2007 年第 12 期。

[71] 汤爽爽、孙莹、冯建喜：《城乡关系视角下乡村政策的演进：基于中国改革开放 40 年和法国光辉 30 年的解读》，载于《现代城市研究》2018 年第 4 期，第 17～22、29 页。

[72] 涂丽、乐章：《城镇化与中国乡村振兴：基于乡村建设理论视角的实证分析》，载于《农业经济问题》2018 年第 11 期，第 78～91 页。

[73] 谭理思：《新农村建设中的财政支持农业基础设施建设研究》，西南财经大学，2008 年。

[74] 王德文：《美国农业政策的调整与实施》，载《世界农业》2002 年第 1 期，第 13～14 页。

[75] 王哲：《基于农业支持视角的中国农业环境政策研究》，中国农业科学院，2013 年。

[76] 吴国松、朱晶、林大燕：《中国不同类别农业保护支持政策的贸易保护效应》，载于《中国农村经济》2013 年第 12 期，第 39～50 页。

[77] 吴广新：《美国农业支持政策研究》，吉林大学，2015 年。

[78] 王东辉、张然、田志宏：《美国农业国内支持政策及其对中国的启示》，载于《世界农业》2015 年第 7 期，第 83～86 页。

[79] 王克：《加拿大农业支持政策和农业保险：发展和启示》，载于《世界农业》2019 年第 3 期，第 56～62、116 页。

[80] 王军：《农业合作社支持政策：来自美国的经验及启示》，载于《新疆农垦经济》2018 年第 11 期，第 44～51 页。

[81] 温铁军、邱建生、车海生：《改革开放 40 年"三农"问题的演进与乡村振兴战略的提出》，载于《理论探讨》2018 年第 5 期，第 5～10 页。

[82] 万广华：《城镇化与不均等：分析方法和中国案例》，载于《经济研究》2013 年第 5 期，第 73～86 页。

[83] 王汉林：《新中国成立以来我国农业科技政策分析》，载于《科技

进步与对策》2011 年第 28 期，第 93~97 页。

[84] 文小才：《美国农业财政补贴政策的经验与启示》，载于《云南财经大学学报》2007 年第 3 期，第 93~96 页。

[85] 徐轶博：《美国农业支持政策：发展历程与未来趋势》，载于《世界农业》2017 年第 8 期，第 111~117、250~251 页。

[86] 许荣：《农民对农业支持保护补贴政策的效果评价与期望——基于山东省试点县的农户问卷调查分析》，载于《粮食经济研究》2018 年第 4 期，第 55~63 页。

[87] 薛荣哲、傅泽田等：《农业发展的审视与思考》，中国城市出版社 1991 年版。

[88] 杨春华、杨洁梅、彭超：《美国 2014 农业法案的主要特点与启示》，载于《农业经济问题》2017 年。

[89] 易鑫、克里斯蒂安·施耐德：《德国的整合性乡村更新规划与地方文化认同构建》，载于《现代城市研究》2013 年第 28 期，第 51~59 页。

[90] 于晓华、武宗励、周洁红：《欧盟农业改革对中国的启示：国际粮食价格长期波动和国内农业补贴政策的关系》，载于《中国农村经济》2017 年第 2 期，第 84~96 页。

[91] 叶兴庆：《我国农业支持政策转型：从增产导向到竞争力导向》，载于《改革》2017 年第 3 期，第 19~34 页。

[92] 余学军：《美国农业科技推广经验与中国的创新——以浙江农林大学科技特派员实践为例》，载于《世界农业》2012 年第 3 期，第 17~21 页。

[93] 张洁：《美国农业基础设施融资问题及启示》，载于《世界农业》2016 年第 1 期。

[94] 赵立秋：《中国农业现代化发展的技术支撑体系构建研究》，东北林业大学，2011 年。

[95] 邹力行：《美国农村基础设施建设基金特点及启示》，载于《经济研究参考》2015 年第 4 期，第 49~50 页。

[96] 赵君彦、薛凤蕊、王健：《国外农业保险政策支持体系及对中国的启示》，载于《世界农业》2012 年第 6 期，第 1~3、97 页。

[97] 张倩倩、陈盛伟：《政策支持下的农业保险参与主体行为特征分析》，

载于《山东农业大学学报（社会科学版）》2012 年第 14（4）期，第 19～24、117 页。

［98］张朝华、陈池波：《基于 BRICS 比较的我国农业支持政策取向》，载于《中国科技论坛》2014 年第 4 期，第 141～147 页。

［99］张天佐、郭永田、杨洁梅：《我国农业支持保护政策改革 40 年回顾与展望（下）》，载于《农村工作通讯》2018 年第 21 期，第 24～30 页。

［100］朱满德、程国强：《中国农业的黄箱政策支持水平评估：源于WTO 规则一致性》，载于《改革》2015 年第 5 期，第 58～66 页。

［101］张慧琴、吕杰：《欧盟农业支持状况演变及其政策改革分析》，载于《世界农业》2015 年第 5 期，第 65～71、204 页。

［102］张芸：《欧盟共同农业政策支持农业可持续发展的措施》，载于《世界农业》2015 年第 10 期，第 83～86 页。

［103］张领先、王洁琼、傅泽田、李鑫星：《基于 OECD 政策分类的国际农业支持政策绩效分析》，载于《科技管理研究》2016 年第 36 期，第50～53 页。

［104］张领先、唐晓林、王洁琼：《中美欧日韩农业支持水平及政策结构比较分析》，载于《科技管理研究》2016 年第 36 期，第 36～39、56 页。

［105］张慧琴、吕杰：《国外农业生产者支持政策比较及其对中国的启示——基于 OECD 农业支持指标》，载于《世界农业》2016 年第 8 期，第83～89 页。

［106］朱湖根：《新阶段中国农业产业化经营的财政支持政策体系研究》，载于《华东经济管理》2007 年第 8 期。

［107］郑晓凉：《福建省农村剩余劳动力有序转移的思考》，福建农林大学，2009 年。

［108］周彬：《农业支持政策相关研究进展和方向》，载于《理论月刊》2016 年第 3 期，第 121～126 页。

［109］张照新、徐雪高、彭超：《农业发展阶段转变背景下粮食价格支持政策的改革思路》，载于《北京工商大学学报（社会科学版）》2016 年第31（4）期，第 33～39 页。

［110］周淑芬、李妍、王康：《绿色金融视角下农业循环经济发展的政

策支持研究——以河北省为例》,载于《中国农业资源与区划》2017 年第 38 (7) 期,第 200~206 页。

[111] 周应恒、彭云、周德:《中国农业发展困境与农业支持政策改革转型——基于欧盟共同农业支持政策改革的启示》,载于《江苏农业科学》2017 年第 45 (11) 期,第 289~293 页。

[112] 张天佐、郭永田、杨洁梅:《我国农业支持保护政策改革 40 年回顾与展望 (上)》,载于《农村工作通讯》2018 年第 20 期,第 2、16~23 页。

[113] 张晶:《新常态下完善农业支持政策的总体思考——以美国农业政策新动向为借鉴》,载于《世界农业》2018 年第 6 期,第 63~70 页。

[114] European Commission. Agenda 2000—A CAP for the Future. European Commission website:http://ec. europa. eu/agenda2000/index_en. htm.

[115] European Commission. The Common Agricultural Policy Explained. European Commission web-site:http://ec. europa. eu/agriculture/index_en. htm.

[116] European Commission. Single Payment Scheme-the Concept. European Commission website:http://ec. europa. eu/agriculture/ markets/sfp/index _ en. htm.

[117] European Commission. Modulation and Financial Discipline. European Commission website:http://ec. europa. eu/agriculture/markets/sfp/index _ en. htm.

[118] European Commission. Strengthening the Union and Preparing the 2004 Enlargement. European Commission website:http://ec. europa. eu/agenda2000/index_en. htm.

[119] European Commission. Common Agricultural Policy (CAP). European Commission website:http://europa. eu/scadplus/glossary/agricultural_policy_en. htm.

[120] European Commission. "Health Check" of the Common Agricultural Policy-Fit for New Opportunities. European Commission web site:http://ec. europa. eu/agriculture/healthcheck/index_en. htm.

[121] European Commission. 2000 – 06:Support for Rural Development within the Framework of the Europe an Agricultural Guidance and Guarantee Fund (EAGGF). European Commission website:http://europa. eu/scadplus/leg/en/

lvb/160026. htm.

[122] The Council of the European Union. Council Regulation (EC) No. 1257/1999 of 17 May 1999 on Support for Rural Development from the European Agricultural Guidance and Guarantee Fund (EAGGF) and Amending and Repealing Certain Regulations. Official Journal of the European Communities, 26.6, 1999.

[123] The Council of the European Union. Council Regulation (EC) No. 1698/2005 of 20 September 2005 on Support for Rural Development by the European Agricultural Fund for Rural Development (EAFRD). Official Journal of the European Union, 21.10, 1999.

[124] Spychalski, G. , 2008, "Evolution of European Union Policy towards Agriculture and Rural Areas in the New Programming Period (2007 – 2013)", Acta Scientiarum Polonorum-Oeconomia, 7 (3): 109 – 119.